La vie est belle…

Julien ROBIN

La vie est belle…

A mon public, à mes lecteurs, à ceux
qui me soutiennent depuis toujours,
à ceux que j'aime…

Extrait de mon premier book d'acteur

Préface

Par Marie-Catherine ZANETTI

Julien Robin, ce jeune homme qui lors de notre première rencontre m'avait surprise, d'abord par son look très classe mais correspondant plus à un adulte qu'à un jeune, ses manières grande classe et son sourire éclatant. C'est Line Renaud notre centre d'intérêt commun. Au fil du temps, c'est une véritable amitié qui s'est installée entre nous. Je sais son parcours pas si simple, sa détermination à aller au bout de ses rêves. Line a fait sienne cette phrase : *"Ne pas dire à quoi bon mais pourquoi pas !"* et finalement cela s'applique si bien à Julien qui ose à 20 ans écrire un one man show et deux livres où certains pourront se reconnaître... Alors Julien croit en tes rêves et vis ta vie car on n'en a qu'une et oui...

La vie est belle...

Par Antonin VERHAMME

Laissez-moi vous dire quelques mots sur Julien... Avant que vous n'entamiez ce livre qui vous en apprendra davantage sur qui il est, sur sa vie, ainsi que sur ses combats...

Depuis que j'ai fait sa connaissance, je vais de surprise en surprise. J'en découvre tous les jours sur lui. Tout d'abord, ce qui me saute aux yeux, c'est sa joie de vivre et son humour qui n'a pas de frontières, mais quand on creuse derrière cet humour, on découvre un être attendrissant, touchant et parfois même bouleversant...

Julien a ce petit quelque chose que les autres n'ont pas... Il est authentique, il ne cherche pas à plaire. À prendre ou à laisser !

Je connais le Julien, ami, celui qui est fidèle, très fidèle, il débarque chez vous à n'importe quelle heure du jour comme de la nuit pour vous venir en aide ou simplement pour vous remonter le moral. Celui qui rit pour vous faire rire !

Et puis il y a le Julien artiste pour qui aucun

rêve n'est trop grand et qui n'a pas peur de viser la lune quitte à atterrir dans les étoiles. Vous en dire davantage, serait révéler la suite… Mais mon cher Julien, je me joins à toi pour dire que oui…

La vie est belle…

Avant-propos

Nous sommes le 10 octobre 2022, il est exactement 2h05 du matin et mon éternelle insomnie frappe encore à ma porte. Demain matin ou plutôt ce matin, je dois me rendre au Cours Florent, je sais que je vais être exténué, mais je n'y peux rien, je ne parviens pas à trouver le sommeil, alors mon ordinateur m'appelle, mon clavier me fait de l'œil et mes doigts n'ont qu'une envie…écrire ! Ça y est l'inspiration est enfin arrivée, cette inspiration que j'espère depuis que j'ai publié mon 1er livre, la voici, qui revient et je suis convaincu que ce soir un nouveau livre commence ! Seule crainte, mon public sera-t-il au rendez-vous ? aimera-t-il ce nouveau livre ? Vous avez tant aimé mon "Entre vous et moi…" que j'ai peur de vous décevoir et de ne pas être à la hauteur. Car si j'ai bien une grande peur, c'est celle-là ! Décevoir mon public et mes lecteurs qui me soutiennent depuis mon premier livre, depuis mes premiers pas sur la scène, à chaque nouveau projet ce public que j'aime tant, grandit et je grandis avec lui, par ses encouragements, son soutien indéfectible, ses critiques littéraires, ses retours sur mes spectacles, sur mes interviews, mes stories Instagram… tout simplement, je grandis grâce à lui ! Je ne sais exactement de quoi va parler ce livre au moment où j'écris ces quelques lignes d'avant-propos, mais j'ai espoir que cette lecture vous sera douce et agréable…

Bonne lecture à vous…

Chapitre 1
Moi écrivain ?

C'est reparti pour un tour, je reprends ma plume et j'écris, je n'ai pas d'idée précise de ce que je vais écrire et pourtant sans réfléchir les mots s'écrivent sous mes doigts et apparaissent sur mon écran. Mes pensées ne se mélangent bizarrement pas, dans ma tête, je dis mon texte après avoir écrit, comme si je faisais les choses différemment de la norme habituelle… pour changer ! Comment peut-on exprimer ce qu'est l'inspiration ? Je ne saurais le faire, voilà maintenant presque 2 ans que j'ai le syndrome de la page blanche, mon public, vous, me réclamez un 2nd livre depuis presque la sortie du 1er, je tente en vain d'écrire un livre, sur la fin de vie… projet intéressant mais manque de documentation, de connaissance et trop éloigné de ce que l'on attend de moi, puis un autre sur qui je suis, mais non ! Ça ressemble trop au premier, je vais me répéter ça va être un échec total… Mais si j'écrivais sur l'écriture… intéressant, pourquoi ne pas décrypter à mes lecteurs comment je fais naître mes sketchs, mes spectacles, mes livres… ? Comment est-ce que d'une idée je réussis à en faire quelque chose d'abouti ? Et surtout comment puis-je être quasiment certain que ce que je fais fonctionnera ainsi que je l'ai décidé si ce n'est mieux encore ? Voilà un sacré challenge que je me lance en choisissant ce thème à consacrer à un passage de ce livre ! Un défi oui mais encore une fois, vous n'y êtes pas pour rien, car si cette idée me vient c'est parce que vous êtes très nombreux à me poser la question ; "Mais comment tu fais pour écrire tout ça et pour tout retenir ? Comment te vient cette inspiration ?" Elle me vient de la vie de tous les jours, je peux simplement écrire un poème, un sketch ou des phrases sur un carnet dans l'espoir qu'un jour, je m'en resserve pour un livre ou un autre projet… j'écris tous les jours sur tout ! Que ce soit assis sur un banc au jardin du Luxembourg à Paris, ou assis dans la salle d'attente de mon cardiologue qui m'annoncera un quart d'heure après que je vais devoir me faire opérer du cœur.

Mais je peux aussi écrire en voiture à l'aide de mon ami "Siri" en kit mains libre… j'écris constamment à partir de situation, de personnes, de dialogues, de paysages, que je vois, entend ou pense… cela peut paraître incroyable et pourtant, c'est un vrai handicap, je pense toujours, sans prendre de pause. La journée, je pense, je m'interroge, la nuit, au beau milieu d'un rêve une idée pour un spectacle apparaît, vite, il faut que je me réveille, et que j'écrive ça sur une feuille, c'est comme ça que j'ai trouvé le nom de mon 1er livre, au départ je l'avais appelé "Moi, Julien ROBIN", mais je détestais ce nom, beaucoup trop personnel, beaucoup trop narcissique à mon goût et infiniment prévisible et attendu ! S'il est bien une chose qu'un artiste ne veut pas être, c'est bien prévisible, considéré par beaucoup d'artistes d'insulte suprême ! Une nuit, je me suis réveillé en sursaut, j'ai attrapé mon stylo et mon carnet posé sur ma table de chevet et dans le noir, j'ai écrit au pif sur une page…"Entre vous et moi…" le lendemain matin, j'avais mon titre ! Voilà un exemple du cauchemar que représente le fait de penser sans arrêt !

Votre cerveau ne se repose jamais, il est toujours sollicité, toujours en action et en réflexion, pour un artiste, c'est chouette, car vous avez de fait toujours des projets, des idées, des choses à raconter mais au physiquement, vous n'êtes jamais reposé à 100% ! Je sais à présent de quoi traiteront certains de mes chapitres, je vous écrirai des sketchs, des histoires que j'ai vécues, puis écrits, et que je n'ai jamais montrés pour certains et vous expliquerai comment et à partir de quoi ils sont nés… j'ai des dizaines de carnets chez moi remplis de mots, de phrases, de petits bouts de textes commencés mais jamais finis car en écrivant je pense à une idée mais une autre pour un autre texte apparaît alors je laisse tomber le 1er et pars sur un 2nd. Je rectifie ce que j'ai dit précédemment, depuis la sortie de mon 1er livre, je ne souffre pas du syndrome de la page blanche, car pour ceux qui ne savent pas ce que c'est, il s'agit du fait de rester devant son stylo et son papier et de n'avoir aucune idée de quoi écrire, même pas un demi-mot, rien, NADA ! En l'occurrence moi, j'avais plutôt le syndrome de la page pleine, (ne cherchez pas ce mot dans le dictionnaire je doute que vous y trouviez la définition…) Simplement je veux dire que de mon côté, j'avais trop à dire et à exprimer mais je ne savais pas par où commencer et ne savais de fait pas non plus par où terminer. Lorsque vous écrivez un livre, vous devez réfléchir au début ; ''de quoi allez-vous parler ?'' Et à la conclusion ; ''quel intérêt pour le lecteur ? Qu'est-ce qu'il fait que le livre va être lu et que les lecteurs vont avoir envie de le lire ?'' Et autre question, surement la plus importante ; ''qu'est-ce que la lecture de ce livre va apporter personnellement au lecteur ?'', car un choix de lecture est très personnel, pourquoi achetons-nous tel ou tel livre et pas un autre ? Ce n'est pas parce que je vais avoir envie de lire David Lelait-Helo que ma sœur aura envie de lire cet auteur, tout aussi bon qu'il soit, l'auteur provoque chez le lecteur des émotions, le premier livre acheté à un auteur c'est de la pure curiosité et de la découverte mais lorsque vous achetez un 2nd livre de ce même auteur, vous connaissez son style d'écriture, son style littéraire, vous allez certes découvrir une nouvelle histoire mais vous allez rechercher quelque chose qui se rapproche de ce que vous avez eu l'occasion de lire dans le précédent ouvrage. Mais acheter un livre pour le lire est tout sauf du hasard, on vient chercher quelque chose de précis ! Avec des ouvrages psychologiques, on va chercher des réponses à ses questions, avec une autobiographie on va chercher à entrer dans l'intimé d'une personnalité en mode espion, si vous lisez un polar ce sont des frissons que vous viendrez chercher en plongeant au fil des lignes du livre, votre imaginaire va sans avoir vu le film se créer son propre film, votre inconscient va personnifier tous les personnages, et au fil de votre lecture c'est un réel long métrage qui va se former dans votre tête. Ce film qui se crée malgré vous c'est l'ennemi des cinéastes qui mettent en scène un livre, car bien souvent le lecteur va être très déçu du film, pourquoi ? Parce que ce ne sera pas du tout comme votre imaginaire l'aura créé, vous aurez vu votre film avec vos personnages et tout à coup vous vous retrouvez devant quelque chose que vous ne reconnaissez absolument pas ! Voilà ce que c'est la lecture, c'est tout cela et bien plus encore, c'est un moment d'évasion totale que vous aurez choisi pour des raisons diverses et multiples qui vous sont propres et c'est pour toutes ces raisons que non seulement l'écriture me fascine mais la lecture encore plus ! Je me souviendrai toujours de mes premières écritures, on se rappelle toujours ses premières fois, et je me souviens des premiers mots que j'ai écrits, enfin des premiers mots personnels et importants. Il s'agit de l'éloge funèbre que j'ai fait à mon arrière-grand-père en février 2012, j'avais alors 8 ans, sans que personne ne me demande rien, quelques heures après sa disparition je prenais ma plume et du papier à lettre et je couchais ma peine sur cette feuille sans réfléchir à quoi dire, comment dire, sous quelle forme… pris par l'insouciance de mon jeune âge j'écrivais ce que mon cœur me dictait. Je lus cette lettre d'abord à mes grands-parents et leur ai indiqué que j'aimerais dire ces mots à mon arrière-grand-père à l'église pour les funérailles. Devant ces quelques lignes qui commençaient par "Pépé, tu es parti, tu ne reviendras plus mais mon amour pour toi jamais ne partira…" je vis les yeux de mes grands-parents briller d'émotion, les larmes leur venaient et ils m'autorisèrent à délivrer mon texte devant l'assemblée pour cet homme qui a tant compté pour moi. Ce fût mon premier rapport à l'écriture et jamais je ne l'oublierais ! Cet exercice des éloges funèbres s'est présenté à moi en de trop nombreuses occasions je le regrette, j'ai perdu tant de proches et d'amis, mais à chacune de ces disparitions le besoin d'écrire, de leur écrire, me venait, bien que critiqué par beaucoup, jugeant que ce n'étais pas mon rôle ou pas de mon âge de me prêter à cet exercice, j'écrivais sans me soucier des avis des uns et des autres. Je laissais les dames patronnesses cracher leurs critiques, car un deuil est personnel et le mien ne pouvait et ne peut commencer sans que je ne puisse dire adieu à ceux qui me quittent… Je crois que sans le vouloir, ni le faire exprès je viens d'écrire ce que représente chez moi l'écriture… Une thérapie, elle fût ainsi que je l'ai dit dans "Entre vous et moi…" une thérapie au début pour me libérer d'une peine, celle de la mort de mon grand-père en avril 2020.

En pleine période COVID, confiné avec ma famille, je n'avais personne à qui parler, il est plus simple parfois de parler à des personnes extérieures, à des amis. Devant sa famille attristée, nous ne voulons pas rajouter de la peine à la peine, alors nous ne disons rien et nous gardons pour nous en silence ce que l'on aimerait dire, raconter, transmettre. C'est alors que ma marraine, énergéticienne, est arrivée et m'a dit "écris ce que tu ressens, puis écris toi une lettre à toi-même" déstabilisé par ses recommandations, 1 mois passe sans que je n'ai encore rien écrit, il suffit que l'on me demande de faire quelque chose pour que je ne le fasse pas ou que je ne parvienne à le faire, mon côté opiniâtre et solitaire me rappelle toujours malgré moi. Il faut que l'idée vienne de moi sinon rien à faire ! Et puis quand enfin je me suis décidé à tenter l'expérience j'ai écrit de longues lignes, sans aucun rapport d'une page à une autre, d'un côté je parlais de mon grand-père, de l'autre je parlais de ma scolarité, ensuite de mon harcèlement scolaire… tiens étrange… qu'est-ce que ça fait là ça ? Pourquoi venir parler de ça sans raison ? C'est comme si vous demandiez à quelqu'un, "Quelle heure est-il ?" et qu'il vous réponde "Tu as raison la porte est jaune !" Tout était confus mais au fil des relectures du champ de bataille de mes écrits, tant il y en avait partout, je me disais, c'est étrange on dirais des chapitres de ma vie qui s'écrivent sans que je ne le décide et plus j'écris, plus je relis et redécouvre malgré moi mon histoire, je l'ai bien vécu, je l'ai bien écrit mais sans prendre conscience de ce que j'écrivais comme si mon inconscient me disait, "Coco, tu t'es mis à écrire et bien maintenant regarde tout ce que tu as vécu et ce avec quoi tu n'es pas encore en paix, LIBERE TOI !" Alors le déclic est apparu, je dois me libérer et quoi de mieux qu' écrire, mais mieux encore "et si mon histoire parlait à d'autres personnes ?" Et voilà la réponse de la fameuse question primordiale "Qu'est-ce que la lecture de ce livre va apporter au lecteur ?" Ainsi est né mon 1er ouvrage littéraire et en quelque 3000 exemplaires vendus seulement 5 critiques comportant "je n'ai pas aimé ton/votre livre" "je te/vous trouve moralisateur" "histoire inventée et romancée de toute part, rien de vrai là-dedans impossible" voici 3 remarques marquantes concernant "Entre vous et moi…" on reviens toujours au même point, la lecture est personnelle et le point de vue et l'interprétation aussi ! Qu'est-ce qui autorise quelqu'un à dire "ton histoire est inventée, ton livre est nul !" Absolument rien, mais rien ne l'interdit, cet homme que je ne connais pas et qui me fait un tel procès d'intention a très certainement dû pleurer en lisant le livre ou ressentir une vive émotion, et s'il dit que le livre est inventé c'est surement que mon histoire a dû faire écho à la sienne et a dû réveiller des choses chez lui qui l'ont poussé à être blessant. Oui sa réaction m'a blessé sur le coup mais finalement si après réflexion et/ou relecture de mon livre, mon histoire a pu l'aider à voir plus clair, j'en suis fier ! Car c'est aussi cela la lecture, parfois nous lisons une histoire et nous nous reconnaissons à certains passages, et trop emporté dans la lecture, trop absorbé, il est possible que nous nous sentions visés personnellement par les écrits alors que nous ne le sommes pas. L'auteur qui écrit son histoire ne pense à personne d'autre qu'à lui et à ceux qui en font partie, il ne cherche pas à blâmer, ou mettre ses lecteurs mal à l'aise, mais si lorsqu'il s'auto-critique dans son ouvrage sur un vécu et/ou une décision qu'il a prise possiblement similaire à celle du lecteur, le lecteur se reconnait, cela va entrainer chez lui une remise en question qui peut ne pas être très agréable, et c'est à ce moment-là que le lecteur se sent visé, lorsque ce qu'il lit ce rapporte à lui ! Alors au risque de me répéter je confirme que OUI, l'écriture peut-être une thérapie comme peut l'être la lecture. Voici quelques lignes de "Entre vous et moi..." ;

*« ...Le jour où j'ai décidé d'écrire ce livre, je ne voulais pas être de ceux qui rédigent pour rédiger des phrases, je ne voulais pas que mon livre soit un récit amphigourique où tout est abstrait et par extension inintelligible ; **je voluais faire passer un message** clair à ceux qui allaient le lire ; je n'avais nullement envie de faire un livre uniquement sur la vie de Julien Robin; je voulais que mon histoire au travers de ma vie **puisse être le point déclencheur d'une remise en question** pour certaines*

*personnes, je voulais que ce livre soit une thérapie pour ceux qui ont vécu où qui vivent des épreuves similaires aux miennes… **Pas** un chapitre de ce livre n'a été écrit de manière **égoïste**, pour parler de moi et uniquement de moi, mais tous ont été écrits pour parler d'un vécu certainement commun à beaucoup d'entre vous, j'espère vous avoir **aidé à répondre à certaines de vos interrogations, ces interrogations qui ont été les miennes…** »*

Je tenais à rappeler ces dernières lignes de mon premier livre, elles sont la conclusion d'un ouvrage et le résumé parfait de ma raison et de mon envie d'écrire ! J'aime cette notion de partage et de transmission que représente l'écriture. Nous connaissons tous la célèbre phrase *"Les paroles s'envolent, les écrits restent…"* c'est aussi ce côté définitif et indélébile qui me plaît, peut-être qu'un jour, dans 10 ou 20 ans quelqu'un me demandera des comptes sur certains de mes propos dont mes livres seront les dépositaires, alors je ne pourrais nier ce que ma pensée et ma conscience auront couché sur papier et j'assumerai ou rectifierai certaines choses en reconnaissant que mon opinion d'adolescent pour "Entre vous et moi..." et/ou celui du jeune adulte que je suis à l'heure de cet ouvrage aura changé ou pas. Mais j'assumerai et je me livrerai à mon exercice préféré "Le débat !", comme lorsque je déclarais dans mon 1er ouvrage ; *"...je porterai une haine éternelle à mes tantes et mes cousins, pour avoir abandonné mon grand-père au pied des portes de l'éternité..."*, j'ai écrit ces lignes sous le coup de la colère, n'ayant pour seuls arguments les paroles retransmises par quelques personnes, mais je n'avais pas eu la version de mes tantes. J'aime débattre, argumenter, échanger, et c'est ce que j'ai fait avec ces personnes pour avoir leur version ! Afin qu'elles puissent me dire leur vérité et qu'elles puissent se défendre ! En France, il existe la présomption d'innocence et tout le monde doit pouvoir défendre ses propos et ses actes avant qu'une peine ne soit prononcée et appliquée, je leur ai offert ce droit et ai pu comprendre nombre de choses que l'on m'avait caché ! Je dis bien comprendre, je n'ai pas tout pardonné, mais j'ai tout entendu et tout compris, on peut comprendre une vision des choses sans la partager ! J'aime faire usage de ce droit ultime que notre République nous offre "La DEMOCRATIE" pouvoir dire, écrire ou penser librement dans le respect d'autrui tel est mon plus grand bonheur !

Je crois que ce grand bonheur, la liberté, c'est quelque chose que personne ne peut détester mais nous les artistes en prenons je crois davantage conscience que n'importe qui, en osant écrire, apprendre puis parler à notre public. Sur scène il n'y a aucun sujet tabou, absolument aucun ! Nous pouvons parler de sexualité, de religions, d'origine native, politique *(même si certains y ont laissé des plumes)* etc… rien n'est censuré tant que le respect règne en maître ! Je m'excuse de citer de nouveau un exemple déjà cité dans le précédent écrit, le sketch de Muriel ROBIN, nommé "Le mariage", dans ce sketch Patricia annonce à sa maman raciste, qu'elle va épouser une personne noire de peau et la maman réagit atrocement à cette annonce avec toute sorte d'allusion et réflexion raciste. La façon dont Muriel ROBIN joue ce sketch nous fait comprendre non pas que le racisme est drôle mais au contraire que la maman raciste est ridicule, c'est là tout le talent de la comédienne, on peut rire du ridicule d'une personne raciste mais pas du racisme. Or si un autre humoriste dont ma pensée ne laissera échapper le nom, jouait ce même sketch à la virgule près, le sketch deviendrait **_RACISTE_** et serait condamnable ! Selon moi et ma conception artistique de l'interprétation, un texte c'est 30% d'écritures et 70% d'interprétations, inversez les deux pourcentages et tout devient très différent ! Vous vous demandez encore pourquoi j'aime la scène et l'écriture … ? Alors laissez-moi vous dire que de ce chapitre…

La liberté sera mon résumé…

Chapitre 2
En quête de création et d'inspiration…

Ainsi que je le disais dans le précédent chapitre, j'écris chaque jour, en fonction de ce que je vois, en fonction de mon humeur mes écrits seront plutôt joyeux et de type ; sketchs "ONE MAN SHOW", ou bien mélancoliques type poèmes ou lettres à moi-même, ou bien sans humeur particulière mais il s'agira de retranscrire ce que j'ai vu, entendu ou ce qu'il vient de m'arriver. Souvent lorsqu'il m'arrive une situation particulière, je l'écris pour la stocker dans mon tiroir "à travailler" , ce tiroir dans lequel je place tant de petites choses. Je l'ouvre régulièrement, pioche au pif quelque chose et le retravaille pour en faire un truc sympa, un sketch. Créer un simple post Instagram, un petit poème, ou quelques pages sur mon traitement de texte en développant encore et encore avec des mots tous plus élaborés les uns que les autres pour, pourquoi pas les inclure à un prochain livre... parce que ce qui est magique avec les mots, c'est qu'ils ne sont jamais seuls ; un mot, c'est comme un bon repas avec le vin, il doit être accompagné, il ne doit pas se balader seul ! Un mot doit se décortiquer, doit se développer... vous voyez je viens d'écrire deux fois la même chose sous deux formes différentes pour exprimer une intensité de pensée différente ! C'est en cela que les mots me fascinent ; ainsi que les trains, un mot peut en cacher un autre... oubliez une cédille, un accent, une lettre, alors votre phrase toute entière peut prendre un sens différent et peut même devenir inintelligible ; rajoutez ce qu'il lui manque, alors vos écrits deviendront des moyens de transport de la pensée, une possible évasion des sens le temps d'une lecture, d'une écoute, le temps d'un spectacle... C'est pourquoi lorsque j'écris mes sketchs et mes spectacles, mes histoires sont dans 98% des cas toutes réelles, mais je dois les romancer, rajouter un peu de détails qui ne sont pas présents dans l'histoire originale . Pour faire rire, je suis obligé de transformer un moment que j'ai vu durant 3 minutes ; il faut que lorsque je le raconte il en dur 10, mais que pendant ces 10 minutes, je parvienne à maintenir le cap du rire ; il faut que l'attention de mon public soit aussi intense de la première minute à la dernière et que la flamme du rire ne s'éteigne qu'à la fin du sketch, pour reprendre de plus belle au sketch suivant… c'est cela la magie des mots. Lorsque je parle de l'écriture je dis que *"La pensée est une soie que l'écriture transforme en dentelle…"* après vous avoir livré une de mes citations je ne crois pas avoir besoin de dire davantage de choses sur ce que je pense de l'écriture… à présent laissez-moi vous livrer un sketch issu de "J'ai tant de choses à vous dire…" et vous en expliquer ensuite sa création…

*« Alexa ? **(Alexa - Oui René)** Non moi c'est Julien, René c'est mon grand-père… **(Alexa - Autant pour moi excusez-moi René…)** Bon on n'aura pas mieux je crois… oui parce que à Noël avec la famille nous avons eu la bonne idée d'offrir à Papi Alexa…*

vous connaissez la petite boite là à qui on peut demander absolument tout ce qu'on veut ? Alexa pète, Alexa rote, Alexa fait moi une blague **(Alexa - son des trois à la fois)** *Non non arrête Alexa stop ! heureusement que c'est pas elle qui assure le spectacle avec ses blagues elle serait foutu d'endormir mon public ! mais pour en revenir à cette choses que nous avons offert à papi... on avait pas pensé à mamie dans l'histoire ; eh oui parce que papi est persuadé qu' Alexa est une personne bien vivante... alors à 80 ans Papi c'est donné pour mission de bien éduquer sa nouvelle fille... quand on arrive chez eux papi fait ''Alexa, dit bonjour à Julien'' mais c'est que l'autre elle l'écoute et elle dit* **(voix féminine)** *''Bonjour Julien'', et après papi lui dit ''c'est bien Alexa, bien sage !'' et une nuit mes grands-parents dormaient bien tranquillement ; tu vois ils demandaient rien à personne et tout d'un coup... l'accordéon se met en marche ''zing zaing zing zaing zing zaing'' mes grands-parents s'affolent mais* *qu'est-ce qu'il se passe mais qu'est-ce qu'il se passe ? ma grand-mère ni une ni deux elle se lève, elle attrape le gourdin à côté du lit, prête à assommer le premier qui se pointe,* **(mime la scène en silence)** *et là qu'est-ce qu'elle découvre ? Alexa qui avait pris idée par une belle nuit étoilée, de démarrer son mode accordéon ! Alors bien sur Mami elle disait ''mais enfin Alexa tait toi ! tais-toi je t'en prie ferme ta gueule !!!''… Alors papi au fond de son lit qui lui dit ''mais enfin mais fait la taire ! moi je veux dormir'' ''Mais René je n'y arrive pas viens m'aider elle ne m'écoute pas !'' Bah forcément c'est pas elle qui l'as élevée c'est mon grand-père… Bon papi se lève tout ronchon* **(imite papi)** *ensuite il arrive vers Alexa, pose ses pieds bien ancré au sol, une force céleste lui tombe dessus et il lui dit fermement ''Alexa va te coucher il est tard et ferme ta gueule !'' l'autre qui lui répond ''Bien René faites de beaux rêves'' elle n'écoute que lui c'est absolument dingue ! faut le voir mon grand-père avec sa machine, il lui* *demande absolument tout ! chez mes grands-parents il y a une baie vitrée qui fait 3 mètres sur 4 tu vois le truc, donc en principe le matin quand tu ouvres tes volets tu sais le temps qu'il fait… hé bien mon grand-père se lève, il ouvre les volets, et il dit… "Alexa, quel temps fait il dehors ?" on sait jamais d'ici là que la météo soit plus fiable par l'autre folle que par nos propres yeux… Mais on n'est pas à l'abri hein, bientôt mon papi il va lui dire "Alexa on mange quoi à midi ?" Mon grand-père demandera, Alexa conseillera, ma grand-mère fera et tout le monde mangera !*

Mais moi ça me fait marrer de voir que nos grands-parents se mettre à la technologie parce que on parle de mon grand-père, mais on a aussi offert un cadeau à Mami, une tablette tactile et ça donne des scènes parfois assez… comiques ! **(Mime scène face time)** *Bonjour Mami, ça va ? Mami tu es là ? je ne te vois pas, c'est quoi cette couleur bizarre… ha si j'ai compris ce sont tes cheveux, non, descend la caméra, non plus bas, encore* *(caméra à l'envers) ha là je te vois mais la caméra est à l'envers pivote… (tourne la tête) non là je vois tes pieds… bon attends je te rappelle sur le fixe. Ce sera plus simple !… Mais c'est génial je trouve que les grands-parents essaient de se retrouver une jeunesse en se mettant à la page, vous ne trouvez pas ça extra vous ? enfin moi je trouve ça extra dans la mesure où ils n'essaient de se rendre jeunes que dans leurs activités, pas dans leurs langages, ah oui parce que moi je veux bien être mignon et gentil, mais ça je ne pourrais pas l'accepter… Vous imaginez votre grand-mère vous qui arrive énervée et qui vous dit, ''Wallah comment elle me casse trop les couilles l'autre tepu, la vie d'ma mère j'vais la fracasser, j'arrive chez le boucher pour acheter les pintades, j'en veux 2 il en reste 2, la mère Dubar en as pris 2 ! comment j'vais la bouillave !''… (Rire jaune de désespoir) je ne suis pas vraiment sûr d'être prêt à ça moi… ha ba ma grand-mère parle comme ça, non je ne pars pas en courant je*

reste sur place et je fais un AVC je pense, enfin un deuxième... enfin voilà, tout ça pour dire papi, mamie vous me faites bien marrer quand même mais qu'est-ce que j'vous aimes ! ***(NOIR) »***

*

Alors avant d'expliquer comment ce sketch est né je veux juste préciser le procédé d'écriture avant que certains ne saignent des yeux... Lorsque j'écris un ONE MAN SHOW, j'écris exactement comme je parle car les sketchs me viennent, je les joue dans ma tête avec une certaine intonation et pour me souvenir de comment je l'ai pensé, je l'écris mot pour mot comme je l'ai imaginé ! Voilà pourquoi j'écris ''J'vais vous dire...' et non pas "Je vais vous dire...". Autre précision pour ceux qui ne l'auraient pas compris les parenthèses, ce sont toutes ces petites mimiques, tous ces petits jeux corporels ou indications qui vous paraissent naturelles et improvisées sur scène mais qui ne le sont en réalité pas ! En-tout-cas, pour ma part, tout est décidé, tout est programmé et rien n'est dû au hasard !

Mon sens aigu et ma passion pour le perfectionnisme m'interdisent de me laisser prendre au dangereux jeu de l'improvisation en cas de "bide" mais j'aime improviser lors de mes spectacles sur ce qui se passe dans la salle, sur une réaction du public, sur un évènement non prévu… mais sur mon texte je me dois et je dois à mon public d'être droit et clair ! Si une chute de sketch ne marche pas, la mimique le fera marcher… (le sourcil droit qui se lève mais pas le gauche, un petit râle, un petit "vous n'avez pas compris la chute ? pas grave personne ne la comprend"…) c'est ce petit truc, cette petite phrase qui va déclencher l'hilarité d'une salle. Lors d'un précèdent ONE MAN SHOW, je me souviens d'une vanne qui n'a pas marché du tout ; je regarde la salle, je refais la vanne, elle ne marche toujours pas, je regarde de nouveau le public, je leur dis "Vous n'avez pas compris ? pas grave c'est une blague de vieux !" à ce moment-là, la salle riait aux éclats ! pourquoi ? car j'ai à ce moment-là, à peine 15 ans et la moyenne d'âge de la salle est de 45 ans…

*

Laissez-moi désormais vous détailler comment le sketch "ALEXA" est né…

En effet j'ai 20 ans, je devrais faire partie de la génération "jeux vidéo, réseaux sociaux…" or je n'ai jamais rien apprécié de plus que le contact, le dialogue, les rencontres, autant dire, un vocabulaire totalement incompatible avec le monde "virtuel". Je me rapproche davantage des valeurs et du mode de vie de personnes de 50 à 90 ans… à l'exception de *"la soupe et au lit !" (Rire)* et lorsque je vois mon grand-père trouver autant de plaisir à discuter, demander ceci ou cela à cette petite boite et que je vois ma grand-mère s'émerveiller autant que cela devant une tablette tactile, j'ai comme l'impression que les rôles s'inversent et d'être plus vieux qu'eux dans ma façon de vivre… alors je me suis posé la question de, à quoi ressembleront les grands-parents dans 50-60 ans. Car dans 5 à 6 décennies ce sera nous ! Les papis et mamies tels que nous les connaissons actuellement sont les derniers "vestiges" d'une aire révolue , cette époque où le respect, le vrai vocabulaire français et le savoir-vivre régnaient en maitre ! C'est ainsi que la naissance du sketch a commencé, d'abord par l'observation puis l'interprétation et enfin l'imagination d'un possible futur inévitable…

- Prise de note :

Grands-parents /VS/ vie de jeunes – technologies, réseaux sociaux – inversement des modes de vies – papi jeun's

Voici comment commence l'écriture, ces bouts de mots sont la colonne vertébrale du texte, ils sont le résumé de ce dont je veux parler, à moi ensuite de commencer à faire des phrases avec cela et de les tourner en dérision et de les rendre comiques…

Je suis de ceux qui pensent que rien de négatif dans la vie ne peut être tourné en dérision, qu'au contraire il faut toujours trouver le positif dans le négatif ! C'est un de mes moteurs de vie, de ne jamais me laisse abattre et/ou submerger par la peine, la tristesse, le souci d'une situation ! Mais de me relever de chaque épreuve la tête haute et l'esprit positif d'avoir, d'une situation appris quelque chose en cherchant profondément "Dans cette épreuve difficile, que puis-je trouver de positif ?" J'invite vraiment chaque lecteur à prendre quelques secondes dans sa lecture et à réfléchir à une situation, douloureuses, difficile, et à se demander "Que puis-je trouver de positif dans cette épreuve ?" je ne dis pas que vous allez trouver aujourd'hui, cependant pensez-y et vous verrez, avec quelle légèreté vous pourrez affronter les épreuves à venir ! C'est cela dans mes ONE MAN SHOWS que je veux transmettre. Parler de situations totalement incongrues, parfois douloureuse de ma vie, sans jamais chercher la compassion du public mais le rire ! Parler de sujets sérieux et faire rire de cela, pour apporter de la légèreté à un sujet ! Comme lorsque j'entre sur scène que je parle de mon plus gros complexe... mon corps ; je suis complexé mais j'en ris et je fais rire de ce complexe que j'ai ! Je dis sur scène tout le mal que je pense de ma "non" carrure, de mes "nons" muscles et de ma maigreur si souvent rappelée par mes proches et mon entourage, "mais tu ne manges rien, tu es tout maigre, tu devrais aller au sport pour te faire les muscles…" dans la vie de tous les jours je souffre assez de la compassion des gens sur ce sujet pour la vouloir sur scène alors pour une fois, je ris de cela et je fais rire de cela !

*

Ce sujet traite aussi des cases auxquelles notre pays et notre culture sont si attachés ! Je parle ici de l'orientation sexuelle que l'on m'a toujours attribuée à tort ! Du fait que je sois maigre, drôle avec une voix fluette, et que je n'ai pas la carrure de Stallone, on m'attribue l'étiquette "Homosexuel" or au risque de décevoir certains messieurs ainsi que je le dis sur scène non je ne le suis pas ! Je suis à l'heure où j'écris ces lignes *(7 décembre 2022)* un cœur à prendre certes, mais par ces mesdames uniquement ! Il n'existe pas de science certaine ! Ce n'est pas parce que vous ressemblez à un bucheron que vous serez forcément "Hétéro", j'ai un ami comme cela qui ferait tomber à terre toutes les filles qui le croisent, et personne ne se risquerait à dire qu'il est gay, dans l'esprit de tous il est "Hétéro" et pourtant non ! Il est bel et bien gay ! Pour moi c'est la même chose mais à l'envers, tout le monde le pense et tout le monde se plante aussi. J'en ai souffert un temps et puis finalement je m'y suis fait et réponds sans aigreur par la négative lorsqu'on me pose la question. Pourquoi cela ne me gêne plus ? parce qu'un jour j'ai compris que seul importait ce que j'étais et ce que je savais être, ce que pensent les autres je m'en fiche et contre-fiche !

*

Le fait d'observer absolument tout ce qui se passe autour de moi, et d'écrire constamment ces situations fait que mes spectacles peuvent évoluer sans cesse. En fonction des sketchs qui fonctionneront moins que d'autres, je peux les supprimer et en inclure des nouveaux pour les remplacer, dans "J'ai tant de choses à vous dire…" dans le script original il y avait un sketch où je reprenais pendant 5 minutes un medley d'*Annie Cordy*, je pensais que ça plairait au public et que cela inclurait une ambiance festive pour que les spectateurs puissent reprendre ces incontournables avec moi… Erreur ! Ça a marché pendant 2 minutes mais pas au-delà, ce qui fait que le sketch est devenu un peu "lourd" donc je l'ai supprimé et l'ai remplacé par un sketch de 6 minutes à propos de mon 1er festival de Cannes, un sketch rempli d'anecdotes vraies de cet incroyable expérience que j'ai vécue, et bingo ce qui manquait au show c'était cela. Or, ce "cela" ne veut pas dire que parce que le SHOW marche très bien ainsi qu'il est écrit qu'il ne peut évoluer encore, au contraire ! *Annie Cordy* disait très justement *"Il faut toujours faire et refaire, prendre son ouvrage et le retravailler, il faut faire mieux que son*

meilleur pour arriver à un bon travail !''
C'est vrai ! Le parfait on peut essayer d'y arriver c'est plié d'avance on n'y arrivera jamais !

Mais le travail bien fait, c'est possible et le très bien fait aussi mais il faut se donner corps et âme à ce que l'on fait, ne jamais se reposer sur ses acquis et avoir la passion !

Chapitre 3
J'ai tant de choses à vous dire…

Je rassure mes lecteurs, je n'écrirais pas un livre ou un chapitre de livre à chacun des spectacles de ma carrière cependant je tiens à consacrer un chapitre de ce livre à "J'ai tant de choses à vous dire…", pourquoi ? Parce que pour ma vie entière il s'agira de mon premier vrai ONE MAN SHOW à moi, le premier que j'aurais écrit seul, à partir de mon histoire, il demeurera la première pierre d'un édifice que je veux voir grandir, celui qui m'aura permis de me lancer et de réellement débuter ma carrière de comédien, tout comme "Entre vous et moi…" demeurera pour toujours mon premier ouvrage littéraire, celui qui m'aura fait débuter ma carrière d'auteur. C'est assez intimidant et en même temps extrêmement jouissif de pouvoir se dire que ça y est, enfin la carrière est lancée ! Avec ce premier show s'ouvre devant moi le long et périlleux chemin de la vie d'artiste, cette vie que j'ai tant de fois idéalisée, rêvée, espérée.

*

Alors que personne, enfin peu de monde croyait en moi, je restais persuadé qu'un jour, je démontrerais à tout le monde que seule la volonté de faire et la persévérance prévaudrait ! Jeune collégien harcelé, humilié, frappé je me suis nourri de la phrase du facteur cheval *"Jetez moi des pierres, je m'en servirais pour ériger ma statue"*. Je ne veux pas revenir sur la lourde et douloureuse expérience du harcèlement scolaire dont j'ai été victime et dont je suis ressorti plus fort, cependant, dans le monde dans lequel je suis actuellement, les critiques et les insultes font partie du jeu… Mais sommes-nous prêts et assez forgés pour les recevoir ? sans aucune prétention je peux dire un grand OUI ! Après avoir vécu l'horreur que j'ai vécue et après avoir connu ce qu'est la violence je peux sans crainte me préparer à recevoir les méchancetés et les critiques.

Attention lorsque je parle de critiques je parle des non-constructives celles qui n'ont pour but que de blesser, sans permettre d'avancer et d'évoluer, celles qui ne sont que méchanceté gratuite, jalousie et hypocrisie…

*

Je parlais précédemment des nombreuses choses qui se trouvent dans le tiroir "à travailler" de mon bureau ; j'expliquais que je piochais dedans, les travaillais pour en faire un livre ou un sketch pour un spectacle, puis trop distrait et inspiré je partais aussitôt qu'une idée m'apparaissait sur un autre projet d'écriture, voici à présent la preuve formelle de mes dires… durant le confinement de 2020, j'ai écrit "Entre vous et moi…" dont je vous ai déjà tout raconté de l'origine de sa création, mais ce que vous ne savez surement pas c'est qu'au même moment où débutait l'écriture de mon premier livre, débutait aussi l'écriture de mon premier ONE MAN SHOW. J'étais à la fois inspiré et en même temps démuni d'imagination et de confiance en moi pour l'écriture d'un spectacle ; je me suis mis à écrire sur mes relations amoureuses, mon corps, le sport, ma scolarité… je me rendais vite compte que les thèmes abordés dans le livre et le spectacle étaient les mêmes mais abordés de manières très différentes ; c'est alors que je me servais de l'un pour créer l'autre. Ce n'est pas juste une façon de parler lorsque je vous dis que selon moi rien de dramatique ne peut être tourné en dérision, pour preuve que lorsque quelqu'un me demande de quoi parle le show, je lui demande s'il a lu le livre et s'il me répond par l'affirmative je lui dis ''C'est le livre mais en comique avec le harcèlement en moins. Dans le livre tu pleures de peine, dans le show tu pleures de rire !''

S'agissant de mon tout premier spectacle je ne voulais absolument pas me rater et voulais à tout prix marquer les esprits pour mon entrée dans la vie d'artiste ; je voulais commencer à constituer mon public dès les premières représentations ! J'avais clairement l'envie que les gens parlent de moi autour d'eux et qu'on puisse ajouter à mon nom et à mon show des qualificatifs qui me seraient propres. C'est pour cela qu'un beau jour de confinement j'ai décidé d'organiser ce que j'appelle un "crash test" en visioconférence. Dans mon vocabulaire le "crash test" c'est simplement une lecture du scénario avec des personnes extérieures qui donnent leur avis sur les textes uniquement, puisque le texte n'est pas encore interprété , on ne peut pas juger le jeu, c'est uniquement la qualité de la pièce et des répliques qui sont passés au peigne fin ; si le texte en étant simplement lu, sans jeu corporel ou vocal fait rire, une chose est certaine on ne peut pas se rater sur scène ! A la suite de cette lecture, j'envoyais aux passagers de mon "crash test" une grille d'évaluation sur 100 points afin de noter des améliorations éventuelles, les points fort etc… Je m'étais fixé une condition claire : sur 100 points si je n'obtenais pas 80 minimum, je ne jouais pas et je recommençais une écriture à 0 ! Pour mon plus grand bonheur celui-ci obtint la note de 89.77/100 ! Le contrat était donc rempli, il ne me restait plus qu'à prendre acte des recommandations et propositions du public test pour travailler de sorte à obtenir un résultat bien meilleur encore ! Je me mis au travail dès le lendemain, je testais sur ma famille l'air de rien quelques chutes de sketchs comme si c'était une conversation banale avec simplement une ânerie que je sortais par hasard, or c'était calculé et bien souvent les chutes marchaient très bien ! Sans s'en rendre compte les personnes validaient mes sketchs, les uns après les autres, si bien qu'un jour une de mes tantes à qui je raconte l'histoire d'Alexa et mon grand-père, téléphone à ma grand-mère et lui dit "Alors j'ai su qu'Alexa vous en a fait baver l'autre nuit, elle n'écoutait pas René" ma grand-mère répondait en riant aux éclats "mais qu'est-ce que tu racontes là, elle n'a jamais joué de l'accordéon en pleine nuit". Je dû donc annoncer à ma grand-mère et à ma tante qu'il s'agissait d'un sketch que j'avais testé sans qu'elle le sache. Le fait que cette tante ait ri aux éclats lors de cette histoire et le fait qu'elle ait cru en la réalité des faits, me rassurait vraiment et je me disais, non seulement elle rit mais en plus de cela elle y croit ce qui veut donc dire que je n'en fais pas trop et que l'histoire est crédible ! C'est ça qui est intéressant sur scène, c'est que le public ne doit en principe jamais vraiment savoir si l'histoire est vraie ou si elle est romancée, car le sketch d'Alexa n'est pas une invention mais cette partie-là l'est !

Après presque 1 an passé à l'écriture de mon seul en scène et 6 mois environ passés à l'apprendre, je fis la rencontre d'un producteur de théâtre dans le XIXe arrondissement de la capitale. Très intéressé par ma personnalité et par mon show, n'ayant pas même vu ni lu le spectacle, il me proposa de tenter ma chance un soir dans son théâtre et de tester mon "J'ai tant de choses à vous dire…" Très honoré de cette première proposition artistique de ma carrière qui m'était faite je donnais rendez-vous à ma famille de Paris et à mes amis au théâtre "Le Paris de l'humour" le 29 mars 2022 pour ce que j'appelais une seconde fois "le crash test". Celui-ci était très différent des autres car il s'agissait d'un "crash test" avec un texte appris, avec une proposition de jeu corporel et vocal et avec une mise en scène ! J'incluais au spectacle volontairement une fin triste, étant pratiquement persuadé que ça ne plairait pas au public ! Vous allez surement vous demander pour quelle raison idiote avais-je décidé une telle chose ?! Simplement parce que s'agissant de mes premiers pas sur la scène, je voulais que le public, mes proches, puissent me guider et avoir un comparatif clair de ce qu'ils voulaient voir et de ce qu'ils refuseraient de voir venant de moi ! Je voulais qu'une fois le spectacle terminé on me dise "Ce sketch là, mais waouh bravo il était extra !" ce qui fût le cas pour un des sketchs appelé "le stylo" et je voulais à l'inverse entendre clairement "Celui-ci, NO WAY ! ce n'est pas bon, ce n'est pas ce que l'on attend du tout en revanche tu peux traiter le sujet de ce sketch sous cette forme là… et la fin on aurait envie de voir ça…" Eh bingo, jackpot ! Ce sont exactement les réactions que j'ai eues, j'avais eu le nez creux en souhaitant que ces réactions me soient faites, car elles m'ont permis de me remettre au travail rapidement pour faire évoluer ce seul en scène de 1h30 et je me sentais alors prêt à jouer la version "finale" de ce show le 9 avril 2022 à Bellegarde-en-Forez dans la Loire en Terre-Natale devant 300 personnes !

Le 9 avril 2022 restera pour toujours la date exacte du début de ma carrière d'artiste ! N'ayant aucun producteur pour m'aider pour trouver des salles où jouer c'est moi qui ai dû passer les appels pour avoir les autorisations de productions pour trouver des régisseurs, des caméramen pour la captation ; je rentrais violemment et entièrement dans le vif du sujet et dans le métier ! Là où les vedettes ont des dizaines de personnes autour d'elles pour organiser un show grandiose, moi j'étais seul ; j'ai appris seul la gestion et l'organisation d'un évènement devant regrouper 300 personnes, allant de la billetterie jusqu'à la mise en scène et la promotion de la soirée.

*

Alors que beaucoup me disaient ; ''mais enfin tu n'as pas besoin de régisseur, une scène avec 2 lumières et 1 micro ça suffit !'' Moi, j'étais déjà conscient de l'importance d'avoir des jeux de lumières, des personnes qui au moment où je claque des doigts envoient la musique et changent l'ambiance des lumières. Je savais sans avoir aucune expérience que le show ce n'est pas seulement le texte ou le comédien, c'est aussi et avant tout la scène, l'ambiance et l'énergie qu'elle dégage et transmet au public !

*

L'organisation, l'installation et les répétitions bouclées j'étais fin prêt à faire mon entrée sur la scène de Bellegarde-en-Forez devant 300 personnes venues découvrir un jeune artiste local, devant notamment une cinquantaine de proches venues voir de quoi était capable le petit Juju… c'est tremblant de stress, de trac et d'angoisse que les minutes avant d'entrer en scène s'écoulaient me faisant agoniser de peur !

*

Pour cette représentation, j'eus l'idée de faire démarrer le show par ma jeune cousine Naomie âgée de 7 ans seulement ; j'avais pris soin de lui écrire une introduction remplie de mignonneries et de drôleries qu'elle avait studieusement apprises par cœur et qu'elle savait jouer avec un certain talent d'expression corporelle et pourvue d'un jeu de comédienne exceptionnel pour une enfant de cet âge-là ! À seulement 7 ans elle chauffa si bien la salle et attendrit si bien le public que j'aurais pu dire n'importe quoi en entrant sur scène, on me l'aurait pardonné !

*

L'introduction de la jeune Naomie terminée, le compte à rebours commença… ten, nine, eight,… à ce moment-là, dans ma tête des questions se bousculent ''Mais pourquoi fais-je ce métier ?! Je suis fou, je vais mourir de trac !'' ces questions ne sont pas des remises en cause de ma volonté à vouloir être artiste, ce ne sont pas des questions que je me poserais d'ordinaire, c'est une autre personne qui me les posait, le démon de tous les artistes ''le trac'' ! Je n'eus pas vraiment le temps de le laisser me torturer plus longtemps quand soudain la régie lança la musique d'entrée, je m'élançais alors sur la scène, esquissais quelques pas de danse au rythme de la musique et m'exclamais "Bonsoir Bellegarde-en-Forez comment ça va ce soir ?!" il a suffi du cri de joie générale de la salle m'indiquant leur bonne humeur pour que comme par un miracle divin ou un tour de magie ma peur, mon angoisse et mon trac s'évaporent de mon corps pour laisser place au plaisir de jouer, de rire et de faire rire ! Durant 1h30 je déballais mon texte à un public d'une réactivité incroyable, d'une chaleur et d'un enthousiasme que jamais je n'oublierais ! Comment aurais-je pu être autrement plus comblé que par des réactions aussi bonnes de la part de mon 1er public ! La fin du spectacle arrivée, je croyais avoir fini avec trop d'avance tellement le temps s'était écoulé rapidement, repoussant le moment des au revoir ; je trainais 10 minutes de plus en impro pour espérer ne pas terminer… Seulement toutes bonnes choses ont une fin et ma première représentation arrivait à son terme, et c'est sous une standing ovation et des applaudissements en trombe que le public me témoignait son soutien et c'est avec ces encouragements qui ont entrainé mes larmes de joie que je me suis intérieurement dit "ta place est sur scène, vivement la prochaine représentation !".

Je sortis alors de scène et c'est très intimidé que je me confrontais à mes premiers selfies et à mes premiers autographes. Je me revois me poser la question de la légitimité que j'avais à signer des autographes et à faire des selfies telle une star et je compris en fait que sans être "personne", j'avais donné 1h30 de plaisir à ces gens autour de moi, et c'est pour cette raison qu'ils désiraient garder un souvenir photo de ce moment et me faire part de leurs retours ô combien constructifs et remplis d'affection, de bienveillance et d'amour ! Alors à vous, Cher Public qui me suivez dans mes projets, lisez mes livres, venez assister à mes SHOWS, je veux vous dire avec humilité un grand merci, car c'est avec et grâce à vous que j'ai réussi à réaliser autant de projets et de rêves aujourd'hui, ce qui peut paraitre peu pour certains, pour moi c'est énorme ! Ma carrière ne fait que commencer, je suis encore en bas de l'affiche mais je suis convaincu que le meilleur est à venir. J'ai l'esprit chargé de rêves, de projets et la volonté ferme de les réaliser pour et avec vous ! Je vous suis infiniment reconnaissant de votre fidélité, de votre soutien et de votre affection qui m'honorent ! Alors que j'ai vu certains artistes dire "Je vous aime" à leur public par pure démagogie sans en penser un seul mot, je vous le dis avec mon cœur…

Je vous aime…

Affiche du ONE MAN SHOW
"J'ai tant de choses à vous dire…"

Photo 9 Avril 2022, après représentation de
''J'ai tant de choses à vous dire…'' à
Bellegarde-en-forez

Chapitre 4
Savoir passer du rêve à la réalité…

Grâce au Cours Florent, j'ai pu en mai 2022, participer à mon premier festival de Cannes en tant que comédien – acteur. Ce temple mondial du 7ᵉ art, me paraissait inaccessible, il s'agissait pour moi d'un fantasme, de pouvoir un jour monter les célèbres marches parées de rouge, pour présenter un film dans lequel je jouerais. Or, je n'ai pour le moment jamais travaillé pour le cinéma… Cependant j'ai été confronté directement avec le métier d'acteur, cette expérience m'a permis de pouvoir prendre réellement conscience de ce qu'est l'industrie du cinéma français et mondial ! Je me suis retrouvé face à des stars planétaires telles que ; *Julia Roberts, Eva Longoria, Sharon Stone* ou encore des artistes français d'un talent indéniable comme *Virginie Efira,* mais aussi *Jean Dujardin*… Un soir convié à un cocktail où se retrouvait tout le « show biz » j'ai pu échanger avec ces personnes-là, car n'oublions pas qu'avant d'être les stars de renoms que l'on connait tous, ils sont avant tout des humains ''normaux'' comme vous et moi. Cet esprit d'adoration qui habite la plupart d'entre nous devant ces stars, c'était aussitôt évaporé de mon esprit, comme si j'étais réellement à ma place, je ne parlais pas seulement avec des acteurs et actrices célèbres mais avec des collègues de travail ! Ne me risquant d'ailleurs pas à demander une photo, pour ne pas passer pour ''une groupie'' je me contentais de parler avec eux du métier, de mon envie, de mes projets, leur demandant des conseils, sur comment m'y prendre, par où et quoi commencer et à qui m'adresser ! J'échangeais avec des acteurs qui ont comme moi un jour rêvé de faire ce métier par passion, et qui y sont eux arrivés à force de travail ! J'ai espoir que mon destin soit aussi couronné de bonheur et de réussite, l'avenir nous le dira… Lors de ce cocktail j'ai appris plus qu'aucune école ne me le permettrait. Une dose d'humilité, face à tout ce faste où nos têtes pourraient vite être emportées loin de la vie "réelle" et "normale", où l'on pourrait à trop rêver se croire arrivé en haut de l'affiche, alors que nous ne sommes pas encore inscrits en bas ! Or, il faut savoir garder la tête sur les épaules et savoir que c'est une parenthèse enchantée, un échantillon de ce qui pourrait être ma vie si je m'en donne les moyens, si je travaille aussi dur que ces acteurs pour en arriver là où ils en sont actuellement.

*

À Cannes parmi tous les artistes que j'ai rencontrés bien évidemment, j'ai pu me rendre compte de ceux qui ont su garder l'humilité que ce métier nous impose, mais aussi ceux qui un jour ont tant laissé gonfler leurs têtes d'égo et d'estime d'eux même qu'ils en sont devenus, désagréable, aigri, précieux, "puant" comme la formule familière le traduirait. Cette traduction de "puant" est tout à fait parlante, quelqu'un de mal odorant n'aura autour de lui pas beaucoup de personnes pour lui faire la conversation, si ce n'est ceux privé de l'odorat et ceux étant dans la même situation que lui. Je trouve stupéfiant, de voir avec quel mépris et quelle arrogance ces artistes-là traite le public et leurs collègues débutant comme moi. Comment peut-on ainsi ignorer ceux grâce à qui nous les artistes sommes présents, ceux grâce à qui nous vivons et existons ! Un public sans artiste n'est rien mais un artiste sans public n'est rien non plus, l'un ne va pas sans l'autre, un spectacle doit ressembler à une nuit d'amour, le public et l'artiste ne doivent faire qu'un ! Il faut trouver ses marques au début du show, apprendre à se connaître, aller au rythme de chacun pour ne perdre personnes, faire confiance pour créer une harmonie parfaite et une fois la fin du show venue, échanger sur ce qui as plu ou pas, pour améliorer le spectacle pour que ça marche encore plus la fois prochaine… Comment peut-on après avoir passé 1h30 – 2h ensemble, ignorés ceux qui ont fait l'effort de payer leurs places de spectacles, chers parfois, ceux qui se sont mis sur leurs 31 pour nous les artistes ? Comment peut-on refuser d'écouter son public qui lui, vient de passer 2h de son temps à nous écouter ?! C'est pour moi inconcevable ! Je prends un si grand plaisir à parler à mes spectateurs après mes représentations que je ne peux imaginer m'en passer, que le jour où je manque à mon devoir que quelqu'un me rappelle à l'ordre et me descende sur les réseaux, je n'aurais obtenu que ce que je mériterais ! Je ne suis pas dans le métier depuis très longtemps mais je peux dire avec conviction que celui qui croit que ''snober'' les gens et être désiré est une marque de célébrité, que celui-là sache que c'est surtout marque d'irrespect et même d'insulte, c'est craché au visage de son public et lui dire en de grossiers termes ''aller vous faire voir…''. Je m'excuse si mes paroles vous semblent violentes et si elles apparaissent pour certains hautaine, je ne dis là pas '' Je connais le métier, je sais quoi faire'' je dis simplement que dans chaque métier il y a des règles écrites et des règles de logique qui coulent de source sans qu'en principe personne n'ai besoin de vous les apprendre. Je reconnais avoir parfois apprécié certaines situations où dans le milieu artistique je me suis senti considéré, j'ai parfois eu et j'aurais encore sans doute dans ma vie des moments d'ego prononcé, mais je n'ai et ne manquerais jamais de respect à ceux qui font que l'artiste que je suis puisse vivre de sa passion !

*

J'ai eu la chance de faire la rencontre d'un acteur au festival à qui je pose la question ; *"de quoi dois-je le plus me méfier dans ce milieu ?"* sa réponse aussi stupéfiante qu'enrichissante a été la suivante ; *"Je te conseille de te méfier du milieu lui-même, c'est un panier de crabes dans lequel l'amitié n'existe pas au départ. Celui qui pourra te voler des contrats, te salir pour te passer devant le fera ! Il y a beaucoup d'appelés pour peu d'élus ce qui crée donc "la course à celui qui y arrivera le premier !"* À cela il rajoute : *"si je peux te donner un conseil, il faut toujours s'adapter au lieu où tu te trouves en fonction de pourquoi tu t'y trouves. Je m'explique, le festival de Cannes, c'est tout ce que je déteste, parce que tous les rapaces sont présents, tout le monde "t'adore, tu es le meilleur", tu tournes les talons, "tu es le pire être qu'ils ont rencontrés !" je n'aime pas cet esprit de fausseté qui règne ici, mais je viens parce que même avec ma notoriété, je dois me montrer, être vu pour être sollicité, pour échanger avec ceux qui demain me feront tourner !"* C'est à ce moment précis que je me suis retrouvé ainsi que je le disais au début de ce chapitre "confronté directement avec le métier d'acteur et à l'industrie du cinéma". Bien que je fusse déjà conscient de la difficulté du métier et de la cruauté de ce monde qu'est le "milieu artistique" ses conseils et mises en garde me sont apparus comme un réel choc ! Lorsque mes proches disent "fait attention à toi, c'est mal famé comme milieu tu dois être solide…" je ne peux pas vraiment prendre la gravité de la chose à cœur puisque finalement ils ne répètent que ce qu'ils voient à la télé, entendent ou croient savoir… Or, là j'étais face à un grand acteur, pas un débutant loin de là, quelqu'un qui a commencé sa carrière depuis un moment déjà, qui as donc l'expérience et la connaissance du milieu dans ses recoins les plus cachés, car il a été témoin de son évolution ! Sa carrière m'explique-t-il à commencé un peu avant "l'artistic-life boom" faisant un jeu de mots avec le "baby-boom" cette formule est plutôt juste, aujourd'hui il n'est pas rare d'entendre que quelqu'un veuille devenir comédien ou acteurs, tout le monde s'y met ! C'est là tout le problème, comme le dit Muriel ROBIN dans son spectacle "Et pof…" Bientôt il y aura plus de comédiens dans la salle que de spectateurs ! C'est vrai et c'est effrayant, tout le monde se croit prêt à cette vie-là et fait pour cela, or au risque de paraître prétentieux… Beaucoup ne le sont pas ! Énormément de personnes décident de faire ce métier pour les mauvaises raisons ! *"Qu'est-ce qui te plait dans ce métier et qu'est-ce qui te donne envie d'être acteur ?" "j'aimerais devenir une **star** !"* Voici la réponse à une question que j'ai un jour posée à un jeune homme de 17 ans. On touche du doigt le problème majeur de la nouvelle génération. Cette génération de réseaux sociaux où chaque matin un nouveau visage devient connu et célèbre grâce à une vidéo qui fait le buzz, n'est pas bonne pour le métier, cela créer des célébrités qui n'ont n'y le talent, n'y l'étoffe, n'y même la légitimité de le devenir et cela forcément créer des fantasmes. Les jeunes voient un tel ou une telle faire 2 vidéos, monter en hauts de l'affiche, rencontrer des stars, faire des TikTok et des stories Instagram alors pourquoi pas eux aussi ? Cependant chercher à faire ce métier pour être médiatique et célèbre est la première condition pour ne pas l'être ! Je dis souvent lorsque l'on me demande si j'aimerais devenir une "star" que je cherche d'abord à avoir mon public, mes spectacles, à pouvoir surtout et avant tout vivre de ce que je fais, voilà quel est mon objectif principal ! Bien sûr que si ma carrière "perce" comme on dit, je serais extrêmement fier et heureux mais sans ça on peut l'être aussi ! La célébrité à de grands avantages certes mais elle a ses grands inconvénients aussi, enfin je terminerais sur cette citation d'un grand politicien qui en dit long sur la notoriété…

''La célébrité est une malédiction dont tous les hommes voudraient être les victimes…''

Festival de Cannes 2022, 75ᵉ Édition

Chapitre 5
La rencontre de ma vie…

Parfois il y a des rêves que l'on a, mais que nous avons un espoir infime de réaliser. Nous avons tous répondu dans notre vie à la question "Quel serait ton plus grand rêve ?" Moi, j'ai répondu un beau jour à cette question, lorsque j'avais 14 ans. Je me trouvais chez ma tante Colette à Paris, où j'étais venu pour passer un casting de théâtre. Alors que je répétais mon texte pour mon audition, ma tante remarqua sur sa table du salon le livre "Et mes secrets aussi…" de *Line Renaud* et d'un air surpris me dit "Tu connais *Line Renaud* ?! Tu l'aimes bien ?" je répondis alors "Je l'adore ! Je rêverais de la rencontrer !" Bien sûr la réaction de ma tante en face de moi a été le rire, non pas parce que c'est un rêve ridicule, mais bien parce qu'elle s'attendait à tout sauf à cela ! À 14 ans, les rêves sont, de devenir pompier, astronaute, de nager avec des dauphins, ou je ne sais quels autres rêves communs à tous les jeunes de cet âge-là. Mais moi comme à mon éternelle habitude, je ne suis pas comme ceux de mon âge. Oui Line Renaud avait à ce moment-là 89 ans, nous avons donc 75 ans d'écart, autant dire qu'il n'était pas naturellement logique que je m'intéresse à une artiste de cette génération et encore moins que mon plus grand rêve soit de la rencontrer… Mais voilà, c'était mon rêve et j'avais espoir qu'un jour il se réalise…

*

Depuis tout petit je suis passionné par la culture, par les chansons d'antan, par les générations passées. Je ne suis pas dans le moule, je n'écoute pas de rap, pas d'artiste récent, mes idoles d'enfance et toujours actuellement sont ; *Line Renaud, Dalida, Annie Cordy, Joe Dassin, Mike Brant*… pour ne citer que quelques noms. Je me souviens d'un jour au collège m'être fait moquer par des camarades lorsque je les entendis parler de ''sexion d'assaut'' je leur demande ce que c'est, mes camarades se mirent à rire en me disant ''tu ne connais pas sexion d'assaut ? C'est un groupe de musique !" Je n'en avais jamais entendu parler ! Pour mes 12 ans à Noël j'avais demandé comme cadeau un tourne-disque, pour les 45 tours, pour pouvoir écouter les vinyles que j'achetais dans les brocantes. C'est vers l'âge de 10 ans environ que je me suis vraiment intéressé à la personnalité de *Line Renaud*, je connaissais déjà par cœur, "Ma cabane au Canada", "Etoile des neiges", "Mademoiselle from Armentières" etc… Mais je ne savais pas vraiment qui était *Line Renaud*. J'ai alors commencé à effectuer des recherches sur internet, je me suis retrouvé face à cette femme d'une beauté exceptionnelle, au cheveux platine et aux yeux bleu lavande que l'on voit régulièrement à la télévision, notamment à l'occasion du Sidaction chaque année. Mes premiers achats littéraires ont suivi, commençant par ses livres ; "Maman", "Les brumes d'où je viens" puis "Et mes secrets aussi…" pour finir par tous les acheter et tous les lire plusieurs fois chacun. Au travers de ses autobiographies, je découvre une femme incroyable, forte, admirable de courage avec une carrière qui n'a aucun égal. Première femme française artiste, à traverser l'Atlantique pour faire carrière en Amérique… et quelle carrière ! Laissez-moi vous en faire un bref résumé…

Avant d'être *Line Renaud*, Line s'appelle ; Jacqueline Ente, née un 2 juillet 1928 à Pont-de-Nieppe dans le Nord, dans une famille modeste dont la maman est sténodactylo et le papa camionneur dans une usine de textile. À son entrée à l'école primaire, la fillette chante déjà fort gracieusement. Elle se distingue si bien qu'elle remporte à l'âge de 7 ans un concours d'amateurs. Elle passera un autre concours et sera remarquée par le Directeur de Radio Lille qui l'invitera à chanter à la radio. Ayant convaincu sa mère de la laisser saisir cette chance, elle interprètera sur les ondes, prenant le pseudonyme de Jacqueline Ray, un répertoire basé sur les chansons de Loulou Gasté.

En 1945, au lendemain de la guerre enfin terminée, elle décide de tenter sa chance à Paris, décrochant un premier engagement aux Folies Belleville, l'un des prestigieux music-halls de l'époque. Josette Daydé, tête d'affiche du spectacle, prend en sympathie cette adolescente au sourire paisible, et, amusée par son admiration inconditionnelle pour Loulou Gasté, propose de le lui faire rencontrer. Au mois de septembre a lieu le premier rendez-vous entre le compositeur adulé et la petite chanteuse. Elle a 16 ans, il en a 37, lui trouve du talent, et décide de devenir son Pygmalion, car il voit en elle l'étoffe d'une vedette. Si c'est elle qui choisit de s'appeler Renard, le nom de sa grand-mère maternelle, il abrège son prénom en Line, plus original et plus doux que Jacqueline et remplacera le "R" de Renard en "U" donnant ainsi Renaud.

C'est à Radio Luxembourg, où elle chante dans les émissions très populaires du dimanche matin, que *Line Renaud* fait ses débuts nationaux. Ayant signé un contrat avec les disques Pathé Marconi, elle enregistre "Ma Cabane au Canada", une composition de *Loulou Gasté*, bien sûr, qui lui vaut de se voir attribuer le grand Prix du Disque, qui serait aujourd'hui l'équivalent de l'eurovision. La renommée de *Line Renaud* se développe tant et si bien qu'on la réclame à l'étranger. Traversant la Manche, elle conquiert aussi l'Angleterre, tandis que le cinéma lui fait des propositions.

Lorsqu'elle est en 1954 à l'affiche du Moulin Rouge, toutes les places sont aussitôt retenues pour quatre mois.

Un soir, le grand Bob HOPE, star américaine est dans la salle. Aux États-Unis il anime à la télévision le Bob Hope Show, que le pays entier suit chaque semaine, se régalant de ses mimiques et de ses mots d'esprit, et il propose à *Line Renaud* de devenir sa partenaire pour cinq émissions. Line, contrainte d'arrêter temporairement sa carrière en France à la suite d'une cabale déclenchée par Edith Piaf jalouse de son succès, accepte de partir pour l'Amérique.

Dès la diffusion de la première, elle est engagée pour chanter au Waldorf Astoria, l'un des palaces de New York, puis au Coconut Grove de Los Angeles.

C'est en 1985, à la suite de la création de AIDS par Elizabeth Taylor, qu'elle prend une initiative particulièrement importante en créant l'Association des Artistes Contre le Sida, il s'agit du "Combat de sa vie !". Engagée sans restriction dans la lutte contre un fléau mondial, elle organise des événements artistiques et télévisés permettant de recueillir des fonds pour aider dans leurs recherches les scientifiques Français. Profitant de sa notoriété internationale, elle obtient même l'appui très actif de plusieurs vedettes américaines, qui lui apportent leur précieux concours.

Début 1995, *Loulou Gasté* son mari, décède à leur domicile de *la Jonchère*, laissant à Line une blessure au cœur, et à la postérité plus d'un millier de chansons dont certaines ont été interprétées par une pléiade de stars internationales.

Choisissant le travail comme thérapie, *Line Renaud* crée au mois de septembre, à Lyon, une nouvelle adaptation de "La visite de la vieille dame" de Friedrich Durrenmatt, qu'elle reprendra un peu plus tard à Paris au Théâtre du Palais Royal. Elle tourne également pour la télévision "L'embelli", avec Jean-Pierre Cassel, "Sixième Classique" avec Véronique Genest, "La Voisine", "Une Femme d'action", "Garance et Mélanie", et, pour le cinéma, avec Thierry Lhermitte, "Ma femme me quitte" de Didier Kaminka.

En juin 1999, *Simone Ente*, la maman de Line s'éteint à 94 ans, au terme d'une longue maladie et Line perd celle qui lui apportait tant d'amour et qui la comprenait si bien. Line, une fois encore, s'investit dans le travail pour farder sa peine.

En septembre, la voici de retour en Amérique, où elle participe à l'inauguration de l'hôtel Paris Las Vegas, qui reproduit à échelle réduite les plus grands monuments et les quartiers les plus caractéristiques de la capitale française, à commencer par la tour Eiffel et l'Arc de Triomphe.

En octobre 2017, elle inaugure une rue portant son nom à Las Vegas, célébrant ainsi son immense carrière Américaine. La voie, située à proximité du mythique Strip, la gigantesque artère qui traverse la ville, permet d'accéder à une entrée secondaire du casino Caesars Palace.

La « Line Renaud Road » se trouve non loin des rues portant les noms de ses amis Frank Sinatra et Dean Martin.

En quelques chiffres *Line Renaud* c'est ;

- 26 films au cinéma commençant par "La foire au chimère" en 1946. Et le dernier en date, celui qu'elle qualifie de plus beau rôle de sa carrière "Une belle course" en 2022.
- 46 téléfilms.
- 9 pièces de théâtre.
- 35 distinctions, décorations et nominations confondues, dont la plus éminente restera son élévation

au grade de "Grand-croix" dans l'ordre national de la Légion d'honneur en 2022 décernée par le Président de la République Emmanuel MACRON.

Voici qui est *Line Renaud*, j'ai essayé ici de vous faire un résumé très bref de sa carrière et m'excuse au passage, d'avoir dû la traverser aussi rapidement, n'écrivant pas d'avantage sur celle-ci. *Line Renaud* a eu mille et une vies et un chapitre ne suffirais pas à exposer l'ensemble de sa carrière… Après avoir lu tout cela, comprenez-vous pourquoi l'enfant de 14 ans que j'étais, qui avait déjà des envies de vie d'artiste était fasciné par cette grande dame qu'elle est ?!

*

Lorsque je parle de croire en ses rêves l'histoire qui va suivre prouve à quel point la vie est faites de surprises et que rien n'est impossible. Nous sommes un certain 14 mars, *Line Renaud* vient de publier avec *David Lelait-helo* "Line Renaud, mes années Las Vegas" je vois sur les réseaux qu'ils doivent tous deux se rendre au salon du livre de Paris pour dédicacer cet ouvrage, le 16 mars. Mon esprit ne fit qu'un tour, je devais partir à Paris pour rencontrer Line, c'était une occasion rêvée ! J'explique cela à mes parents, qui refusent catégoriquement que je me rende seul à Paris à mon âge et à force de persuasion, j'obtiens gain de cause et mes parents acceptent enfin de me laisser partir !

Je pris donc en solitaire le matin du 16 mars le train pour Paris. Habillé soigneusement d'un jean noir, un t-shirt sobre et une veste de costume, je veux faire bonne impression ! Avant de partir j'avais pris soin d'écrire une lettre destinée à Line… Arrivé à Paris, je fonce aussitôt chez ma tante me refaire un brin de toilette, je la revois encore hurler de rire me voyant m'apprêter, me repeigner sortir mon rouleau ''attrape-poils'' de mon sac, et mon parfum soigneusement rangé dans 2 paires de chaussettes pour être sûr, de ne pas le casser. Je file ensuite en 4e vitesse dans un taxi qui me conduit chez un fleuriste ; je ne parviens pas à choisir des fleurs, je demande alors à la vendeuse, "c'est pour offrir à ma grand-mère, mais elle n'est pas du tout vieille dans sa tête je ne veux pas de chrysanthème" la vendeuse rigole et me confectionne un magnifique bouquet. Je me rends au salon du livre avec 1h d'avance, j'attends patiemment devant le stand où dédicaceront Line et David quand soudain, je reconnais la voix douce et rauque de Line, "Bonjour, bonjour les enfants, que vous êtes nombreux, ça va ?" je la vois, mais elle ne me voit pas encore il y a du monde devant moi... peu à peu je m'avance et j'arrive enfin devant *Line Renaud*, je n'arrive pas à croire qu'elle est là devant moi, elle donne une interview donc je ne peux pas encore lui parler. Quand soudain, elle se retourne, voit le bouquet de fleurs que j'ai dans les mains et s'exprime "Ho mais que c'est mignon mon chéri, merci beaucoup, monte sur le bureau que je t'embrasse" elle me prend le bras, me tire à elle pour la photo et me tient par le bras et par la taille, comme le ferait ma grand-mère. Nous parlons tous les deux pendant plusieurs minutes, puis elle me dit, "veux-tu rester près de moi ?" "J'en serais honoré Line !" réponds-je aussitôt. Elle demande alors au staff de m'apporter une chaise qu'elle fait placer à ses côtés, m'offre une coupe de champagne... (oui elle n'avait pas pensé à l'âge, mais il était très bon !) *(Rire)* Je suis alors resté assis à ses côtés pendant deux heures. Les deux heures les plus marquantes de ma vie ! Deux heures à échanger des messes basses, des regards. Très tactile Line me prend la main souvent, l'embrasse et me regarde avec ses yeux bleu lavande, ses yeux qui vous font sentir être la personne la plus privilégiée et la plus importante à ses côtés ! Car *Line Renaud* est la star que l'on connaît, mais à ses côtés elle vous fait sentir star, c'est vous qui comptez pas elle ! Elle ne se met jamais en avant, elle a beau avoir une rue à son nom à Las Vegas, si vous lui annoncez avoir eu un 20/20 en mathématiques, c'est vous qui serez quelqu'un d'extraordinaire !

La rencontre se termine, Line se lève et me demande de la raccompagner à sa voiture, elle me donne au passage les coordonnées de son assistant, et me dit, ''contacte le, dis-lui où nous nous sommes rencontrés, je veux que l'on se revoie !'' je dis alors ''au revoir'' à Line et aussitôt elle reprend et répond ''Non Julien, à très vite !''. C'est sur ses paroles que nous nous sommes quittées.

Vous vous souvenez je vous ai dit que j'avais écrit une lettre à Line avant de partir à Paris, et bien dans cette lettre il y avait mes coordonnées, avant même que je n'écrive à l'assistant de Line, le lendemain, je reçois un appel ; ''Bonjour, je suis l'assistant de *Line Renaud*, elle m'a parlé de vous et elle souhaite vous inviter au tournage du Sidaction, qui aura lieu au palais des congrès de Paris, souhaitez-vous venir ?'' Ma réponse n'a pas eu besoin de concertation avec mes parents, je répondais immédiatement sans vraiment prendre conscience de ce qu'il m'arrivait ''Bien sûr avec grand plaisir ! un immense merci à Line que j'embrasse'' c'est ainsi que quelques jours seulement après notre 1ère rencontre je retournais à Paris invité par *Line Renaud* au Sidaction où j'ai été reçu dans sa loge et où nous avons pris plaisir à parler davantage autour d'une coupe de champagne, toujours main dans la main aussi émus l'un que l'autre de ce moment que nous partagions, entourés par quelques fans et amis de Line.

En trois semaines d'intervalles j'ai vu Line trois fois, car un direct sur toutes les chaines de France était tourné pour Sidaction et j'étais présent ! Ce fût ma toute première apparition télévisée, pas mal non ?!

Depuis ces rencontres une très belle histoire d'amitié est née entre Line et moi. A presque 95 ans Line pourrait être mon arrière-grand-mère. Beaucoup la qualifient de grand-mère des Français, je la qualifie de 2nde grand-mère. À chacun de nos échanges, qu'il s'agisse de lettres, de SMS ou d'appels, Line est d'un soutien précieux. Elle sait exactement quels conseils donner ou quels conseils ne pas donner. Franche et sincère elle dit ce qu'elle pense ou ne dit rien ! L'une des phrases fétiches de Line, c'est la suivante ; ''Crois en toi et en tes rêves !''

C'est un conseil que je vais suivre avec application !

Lorsque j'ai écrit "Entre vous et moi…" Line a été une des premières personnes à le lire. Je lui ai envoyé le livre chez elle par courrier et elle m'a écrit une lettre en retour, dont les mots m'ont non seulement encouragé plus que je ne l'avais jamais été auparavant, mais cette lettre m'a bouleversé au plus profond de moi-même ;

« Mon petit Julien,

J'ai bien reçu ton livre et je t'en remercie. Je vais le lire. Je suis heureuse que tu aies réalisé un de tes vœux et que tu sois allé au bout de cette aventure. Je suis fière de toi… Je t'embrasse. Line. »

Encore une fois comme une grand-mère féliciterait son petit-fils, Line me disais "Je suis fier de toi". Comment ne pas être comblé de gratitude, de bonheur et de reconnaissance après des mots aussi encourageants, touchants et porteurs d'espoir et d'un message clair, celui de ne jamais abandonner, de ne jamais rien lâcher, de foncer coûte que coûte, si ça fonctionne tant mieux et bravo ! Si ça ne marche pas "bravo tout de même, tu auras essayé ! »

Alors je tiens dans ce livre à remercier sincèrement l'amie que Line est pour moi, de ce qu'elle m'apporte personnellement, de son soutien précieux, de l'intérêt qu'elle me porte, mais surtout je tiens à lui dire combien je lui suis reconnaissant et combien je l'aime…

Merci Line !

Photo de la première rencontre avec Line Renaud

Chapitre 6
"Le moteur, c'est la passion…"

Line Renaud ; *''Le moteur, c'est la passion : passion de vivre, de rencontrer l'autre…''* Il y a longtemps déjà que je suis convaincu de ce que je veux faire comme métier ! Je veux être artiste, j'ai toujours dit sans emphase, ma volonté, ma passion, je me suis toujours battu pour que mes proches voient que ce n'est pas une lubie mais une raison de vivre. Seulement voilà, j'ai vécu une expérience qui m'a fait prendre conscience d'une chose à laquelle je n'avais encore jamais été confrontée, la fragilité de la vie, cette prise de conscience que la vie ne tient qu'à un fil. Cette phrase, nous l'entendons très souvent mais on ne prend vraiment conscience de ce qu'elle veut dire, que lorsque l'on côtoie la mort de si près que vous pouvez explicitement dire à quoi ressemble le fait de ne plus être dans son corps, de ne plus être maître de soi-même, et d'être totalement impuissant face à cette terminaison inéluctable vers laquelle nous nous dirigeons tous sans exception. C'est peut-être la seule chose au monde qui rétablit une égalité sur cette terre, car riche, pauvre, petit, gros, connu, inconnu… face à la mort nous sommes tous égaux. À présent, laissez-moi vous expliquer, comment un vendredi 13 août, j'ai salué la mort de si près que j'ai pu lui murmurer à l'oreille que la vie était trop belle pour la quitter.

Nous sommes en été 2021, je viens d'arriver à Paris, je travaille tout l'été, comme chef de rang en service de restauration haut de gamme, pour mettre de l'argent de côté, pour pouvoir vivre et aider mes parents dans les lourdes dépenses qu'implique la vie Parisienne. Nous sommes fin juillet, la fatigue commence à se faire ressentir dans mon corps, mes yeux sont comparables à des poches de kangourou, tant mes cernes sont marqués. Moi qui ne me maquille que sur scène lors de mes shows, je me mets à ce moment chaque matin une goutte d'anticernes, pour avoir une tête présentable, aux prestigieux clients des palaces dans lesquels je travaille. J'entends encore mes proches me dire "tu devrais ralentir, il va t'arriver un pépin, tu travailles du dimanche au dimanche tu ne vas jamais tenir" je reconnais que j'étais totalement irresponsable, je travaillais pour plusieurs établissements à la fois, dans 1 je faisais, 7h00 – 12h et je quittais mon poste pour me rendre dans un autre établissement pour faire 14h – 19h pour terminer par un dernier parfois de 20h à 2h du matin. Mes proches avaient raison de me mettre en garde, mais moi je n'écoutais rien, voulant à tout prix gagner de quoi vivre, pour être le plus indépendant possible, je travaillais encore et encore.

Nous sommes à présent le jeudi 12 août 2021, je travaille alors à Levallois-Perret, dans une résidence senior haut de gamme. Je me réveille à 6h, je sors de mon lit et je me rassois aussitôt sur le rebord, pris de vertige, des palpitations dans la poitrine, la vue qui se trouble… Je téléphone à mon responsable et m'excuse de ne pouvoir me rendre à l'heure prévue au travail mais leur assure être sur place pour le service du midi. Je me recouche, pensant à une baisse de tension et un besoin de repos, je me réveille de nouveau vers 10h, je me sens mieux, pour moi c'est fini tout va bien, je me prépare et je pars au travail. Durant la journée je suis fatigué mais une bonne nuit de sommeil et tout ira mieux, je décide de ne faire pour ce jour qu'un seul service de 12h à 18h, je rentre chez moi, me prépare pour aller au cinéma et rentre me coucher sans qu'aucun problème particulier ne se reproduise.

Nous sommes le vendredi 13 août 2021, ce matin-là je me réveille sans problème, étonnement très en forme et de mon point de vue totalement remis de la fatigue de la veille, oubliant au passage ce qui m'était arrivé la veille au matin, je ne parle à personne de mon entourage de ce qu'il m'est arrivé, connaissant déjà les remarques et recommandations qui me seraient faites, et je pars pour le travail dans une forme à l'apparence "Olympique". Ce jour-là je décide de faire journée entière dans cet établissement, (pas très légal certes mais manque de personnel, l'établissement me l'accorde) je suis donc prévu au planning de 7h à 21h00, or je prends du retard sur mes tâches à réaliser et décide de rester pour ne pas avoir à venir trop tôt le lendemain. Vers 21h15 alors que je suis sur le point de m'en aller, je suis pris de vertige, mais ne prête pas attention à cette alerte. Puis arrive au restaurant madame T, une résidente qui me dit "mon petit Julien, pourriez-vous me servir une infusion je vous prie ?" Je m'exécute alors tout de suite, reviens avec la théière et deux tasses, comptant prendre la tisane avec cette dame et je pose le tout sur la table. Madame T me regarde et me dit "permettez-moi de vous dire, que vous avez de très beaux yeux, Julien !" C'est la dernière chose dont je me souviens avant le drame ! Soudainement black-out, trou noir total. Je me suis effondré au sol, sans aucune résistance possible de ma part ; tout mon poids s'est écrasé sur le sol du restaurant, frappant ainsi ma tête par terre et me rendant totalement inconscient. Soudain lorsque je revins à moi, je suis entouré de pompiers, un d'entre eux me pose des questions, me demande de sourire, de fermer les yeux fermement etc… je ne comprends pas exactement ce qu'il se passe, on m'allonge sur un brancard et on me transporte à l'hôpital. À mon arrivée aux urgences je suis pris en charge par un jeune médecin qui tout de suite dit "c'est un AVC, on le met sous anticoagulant et on l'emmène à l'IRM (ou le scanner je ne sais plus trop…)" l'imagerie médicale révèle la présence d'un caillot de sang et confirme le diagnostic, il s'agit d'un AVC. Un autre médecin, plus âgé, se présente à moi et me dit "ce n'est rien Mr Robin vous pouvez rentrer chez vous, il s'agit d'une migraine aphasique, ça va passer comme c'est venu, mon confrère est interne et vous a affolé pour rien" je ne suis pas médecin donc j'écoute ce qu'on me dit et je m'en vais.

Seulement voilà, le souci c'est que je sens mon corps me lâcher, la parole s'engourdir et mes yeux se ferment tout seul, je suis à bout de force ! J'appelle une amie pompière, je lui explique ce qu'il m'arrive et elle me dit aussitôt "tu prends un taxi et tu vas dans un autre hôpital tout de suite tu fais un AVC !" avec je ne sais quelle force je prends un taxi dans la rue, je ne sais même pas dans quel hôpital j'étais, et je demande au chauffeur "Hôpital Saint-Joseph, Paris 14, faites vite je suis en train de mourir" et dans le taxi, je sens mon corp devenir de plus en plus lourd, il s'enfonce dans le siège de seconde en seconde, puis je deviens léger, je ne sens plus mon côté gauche, je bave, je ne parviens presque plus à parler, et dans ma tête cette phrase que je me dis à ce moment et qui m'a traumatisée des mois durant "c'est l'heure de partir, je suis prêt". Puis j'arrive à l'hôpital, je sors du taxi en regroupant les dernières forces que la vie m'accorde avant de me confier à la mort, traverse la porte des urgences, aperçois un médecin et m'effondre au sol pour la 2nde fois de la soirée.

Cependant lorsque je me réveille cette fois-ci, je suis entouré de médecins qui me demandent simplement comment je vais et je veux leurs dires "ça va" mais je ne parviens plus à parler ! C'est un mélange de sons et de râles, comme si ma mâchoire n'avait plus de muscles et d'os pour la tenir. Je souris à gauche mais pas à droite, ce qui indique que l'AVC est du côté gauche ; en effet mon côté gauche est totalement hors service, je ne peux pas lever la jambe, ne peux pas lever le bras, peux à peine bouger mes doigts…

En l'espace d'une journée, je passais de jeune homme en pleine forme qui se réveillais le matin de bonne humeur, frais comme un gardon à un légume qui ne pouvais plus ni parler, ni marcher, ni tenir un verre d'eau de la main gauche.

*

Je vous passe les détails médicaux qui ont suivi mon arrivé à Saint-Joseph, le principal étant que l'AVC avait pu être pris en charge in extrémis. La vie est bien faite, je suis convaincu que tout est écrit et que ce qui doit arriver, arrive quoiqu'il en soit. Dans le scénario où je n'appelle pas mon amie, que j'écoute le médecin et je rentre chez moi, l'issue de cette histoire n'aurait pas pu être racontée par moi. Je devrais actuellement être mort si j'avais fait confiance à un médecin pressé de terminer sa journée. Ne me souvenant plus le nom du 1er hôpital où j'ai été conduit je n'ai malheureusement pas pu poursuivre ce médecin.

*

Sorti de l'hôpital totalement paralysé, et ne pouvant m'exprimer de façon compréhensible, la 1^(ère) question qui fût la peur de ma vie a été, "Je ne peux plus marcher, écrire, parler, comment vais-je pouvoir devenir artiste ?" Dans ma tête tout est allé très vite, inquiétude, pleurs, angoisses, craintes tout s'est mélangé pendant quelques jours, mais je me demandais "Comment vais-je pouvoir devenir artiste ?" et non pas "Pourrais-je devenir artiste ?" voyez-vous où je veux en venir ? J'étais toujours convaincu que je serais comédien – acteur, je savais que cela allait être beaucoup plus compliqué, mais pas impossible du tout, je ne ferais plus les mêmes choses mais je ferais autre chose dans ce même métier ! Et puis au bout de quelques jours je me suis dit, "je ne ferais pas différemment, je ne change rien ! Je vais remarcher, je vais reparler, mon bras va de nouveau fonctionner mais je vais réaliser mon rêve !" Les médecins m'annonçaient que je ne pourrais probablement jamais récupérer l'usage total de mon bras, que j'allais surement devoir garder ma canne pour marcher pendant de longs mois et peut être même années… Mais pire encore, pour eux, la parole ne serait pas de retour avant un très long travail d'orthophonie et de rééducation au niveau de la mâchoire. On me conseille alors de ne pas top parler, de ne pas trop m'énerver, de marcher à petite dose… Je n'ai pas suivi un seul de ces conseils. Je marchais chaque jour comme je ne l'avais jamais fait auparavant, je restais debout plutôt que de m'asseoir, me disant sans cesse, "tu vas tenir sur tes put*** de jambes, tu vas marcher !" je lisais à voix haute, je butais sur les mots, mais je parlais, je m'énervais mais hors de question de ne jamais reparler, ou de parler comme mon grand-père après son AVC, en bégayant ! La rentrée de ma 1ère année au Cours Florent était le 6 septembre, j'avais moins d'un mois pour passer de légume à jardinier et j'étais convaincu que je serais prêt le 6 septembre et je l'étais ! A force de persévérance, d'épuisement, de travail acharné et contre toute attente, le 29 août 2021 soit 17 jours après mon accident cérébral, je marchais suffisamment pour me déplacer sur des plus longues distances que simplement canapé – lit, aidé de ma canne ! Dans la foulée la parole est revenue et j'étais physiquement prêt à entrer sur la scène du Cours Florent et à reprendre mes rêves où je les avais laissés au repos. Il m'aura en revanche fallu beaucoup plus de temps pour récupérer l'usage de mon côté gauche. Je ne l'ai aujourd'hui encore en 2023 pas récupéré à 100% mais en ai en grande partie repris le contrôle… Cet accident de la vie, m'aura contraint en septembre 2022 à passer sur la table d'opération, pour une intervention chirurgicale du cœur, et je suis fier de pouvoir écrire et dire qu'aujourd'hui je ne conserve plus aucun souci de santé lié à celui-ci, je suis totalement guéri, prêt à repartir sur les planches avec mes sketchs et mes ONE MAN SHOWS, prêts à chercher des projets à réaliser, simplement prêt à vivre mes rêves, prêt à vivre tout court !

*

Je ne peux pas conclure ce chapitre sans parler précisément de ce qu'est un AVC, de comment le prévenir ou comment chacun peut sauver une vie en détectant l'AVC. Dans la majorité des cas, l'Accident Vasculaire Cérébral provient de l'obstruction d'un vaisseau par un caillot, réduisant l'irrigation sanguine dans une zone cérébrale. Plus le temps pendant lequel le cerveau est mal irrigué se prolonge, plus les conséquences risquent d'être graves, depuis le décès dans environ un tiers des cas jusqu'à l'absence totale de séquelles dans l'hypothèse la plus favorable, en passant par des atteintes plus ou moins profondes et plus ou moins temporaires. La rapidité d'intervention joue un rôle essentiel pour limiter les conséquences d'un AVC. Chaque seconde compte. Or, il arrive souvent que les témoins immédiats, ne se rendent pas compte que la personne qui vient de perdre connaissance sous leurs yeux et retrouve ses esprits peu après vient en réalité d'être victime d'un AVC. Lorsqu'une personne fait un malaise devant vous, vous devez impérativement tester sa réactivité, sa mémoire, sa motricité. Ce qui peut vous sembler être un simple malaise vagal peut en fait être un Accident Vasculaire Cérébral ! Voici ce que vous pouvez faire pour détecter si la personne est victime de cela ;

    1) Demander à la personne de sourire.

Si elle sourit d'un côté mais pas de l'autre, il s'agit d'un signe…

    2) Demander à la personne de lever les deux bras.

Si un des deux bras ne se lève pas ou moins haut cela est un autre signe inquiétant. Et si la victime ne parvient pas à lever le bras gauche, qu'elle sourit à gauche mais ne parviens pas à sourire à droite, il y a urgence !

    3) Faites répéter une phrase toute simple à la victime.

Vous avez à présent les trois premiers gestes urgents à réaliser en cas de malaise d'une personne. Ce sont des gestes extrêmement simples, pourtant vitaux ! Ils peuvent sauver des vies !

*

Avant cette épreuve de la vie j'avais déjà décidé ce que serait ma vie, je l'avais déjà tracée et n'avais aucune autre ambition que de réussir dans cette voie-là. Vous vous doutez bien qu'après vous avoir raconté tout cela, rien n'a changé, ou alors cette épreuve aura confirmé une chose dans ma tête, ne pas attendre demain pour faire les choses, réaliser chaque projet au jour le jour. Ne pas se coucher en ayant envie de faire quelque chose mais en l'ayant fait ! le temps presse, la vie est précieuse et elle passe beaucoup trop vite ! Le sablier de notre vie s'écoule de jour en jour rapidement alors ne restons pas les spectateurs de l'écoulement de celui-ci, soyons les acteurs de nos vies, remplissez là de rêves, d'envies, de projets et foncez !

Chapitre 7
Croire en la vie…

Ce n'est pas un hasard si j'ai fait le choix de nommer ce livre, ''La vie est belle…'', il est vrai que c'est une expression que l'on emploie souvent à tort et à travers, mais prenons-nous vraiment conscience de ce qu'elle signifie et de la réalité qu'elle exprime ? Car oui, la vie est belle lorsque l'on décide de la rendre belle et lorsque l'on décide librement de comment nous voulons la vivre. Décider de vivre sa vie comme nous l'entendons devrait être compatible avec le fait de décider de comment finir notre vie, voyez-vous où je veux en venir ? Dans l'avant-propos de cet ouvrage je vous expliquais qu'avant d'écrire ce livre j'avais comme projet d'écrire quelque chose sur la fin de vie et sur le droit à mourir dans la dignité. Je ne consacrerai donc pas un livre entier à ce sujet mais je vais lui dédier un chapitre de mon ''La vie est belle…''. Lorsque l'on parle de la vie on parle déjà sans s'en rendre compte de la mort, elle fait partie du chemin logique que nous avons tous emprunté le jour de notre naissance. Alors que dans certains pays ce sujet est abordé avec légèreté et sans gravité particulière, en France ce sujet est TABOU ! Nous ne pouvons parler de ce sujet qu'entre très proches et en des circonstances bien particulières dans la majorité des foyers… lors de maladie ou lorsque notre âge nous oblige à devoir prévoir l'après… Je suis de ceux qui acceptent d'en parler librement sans tabou, sans barrière, a priori, peur ou crainte de prononcer simplement le mot "mort". Dans notre vie la seule chose dont nous sommes certains c'est du jour où elle a commencé, mais personne ne sait quand et où est inscrit le point final de celle-ci…

*

L'opinion que je vais apporter sur le sujet de la fin de vie et du droit à être accompagné selon sa volonté vers une fin paisible, n'engage que mon point de vue personnel et n'est pas voué à juger celles et ceux qui penseraient différemment par rapport à leurs points de vue moral, religieux ou selon des raisons qui seraient propres à chacun.

*

Au moment d'être admis à exercer la médecine, je promets et je jure d'être fidèle aux lois de l'honneur et de la probité. Mon premier souci sera de rétablir, de préserver ou de promouvoir la santé dans tous ses éléments, physiques et mentaux, individuels et sociaux.

Je respecterai toutes les personnes, leur autonomie et **leur volonté**, sans discrimination.

J'interviendrai pour les protéger si elles sont vulnérables ou menacées dans leur intégrité ou **leur dignité**. Même sous la contrainte, je ne ferai pas usage de mes connaissances contre les lois de l'humanité.

J'informerai les patients des décisions envisagées, de leurs raisons et de leurs conséquences. **Je ne tromperai jamais leur confiance**.

Je donnerai mes soins à l'indigent et je n'exigerai pas un salaire au-dessus de mon travail.

Admis dans l'intimité des personnes, je tairai les secrets qui me seront confiés et ma conduite ne servira pas à corrompre les mœurs.

Je ferai tout pour soulager les souffrances. Je ne prolongerai pas abusivement la vie ni ne provoquerai délibérément la mort.

Je préserverai l'indépendance nécessaire et je n'entreprendrai rien qui dépasse mes compétences. Je perfectionnerai mes connaissances pour assurer au mieux ma mission.

Que les hommes m'accordent leur estime si je suis fidèle à mes promesses. Que je sois couvert d'opprobre et méprisé si j'y manque.

Serment d'Hippocrate

*

Je viens de vous retranscrire ci-dessus le serment d'Hippocrate, peut-être vous demanderez vous pourquoi ? Car aussi beau et sacré qu'est ce texte, il est en de nombreux points très contradictoire et c'est surement l'un des éléments centraux en France qui fait que nous refusons, ou du moins que les médecins refusent

obstinément de donner le droit à des personnes en fin de vie de choisir de la quitter avant que la souffrance et l'agonie ne s'emparent d'eux pour les confier à la mort après des semaines, des mois, voire des années de torture. Je vais vous montrer en quoi je trouve que le serment sacré des médecins est contradictoire… ''… Je ferai **tout** pour **soulager** les **souffrances**. Je **ne prolongerai pas** abusivement la **vie** <u>ni ne provoquerai délibérément la mort…</u>'' Sans avoir besoin d'exposer mon analyse je pense que vous aurez remarqué que dans la même phrase, deux propos se contredisent. Lorsque le texte cite vouloir tout faire pour soulager quelqu'un mais refuse de le soulager en l'aidant à partir, à quoi sert ce paragraphe ? Car lorsque notre corps est envahi et rongé par un mal que plus aucun traitement ne peut et ne pourra soulager le seul soulagement possible c'est simplement l'abrogation des souffrances par la mort. Certains médecins se défendent en disant ;
"Nous sommes médecins et faisons ce métier pour sauver des vies et non pour donner la mort !"
Mais plus que de sauver une vie en donnant

la mort le médecin sauve quelque chose de plus précieux encore, "la dignité" d'une personne et rend la liberté ultime de choisir son départ !

*

En décembre 2021 peu de temps après mon AVC, lors d'une visite de contrôle dans un hôpital parisien, j'ai fait la rencontre d'une personne malade, en fin de vie, dont l'histoire m'a bouleversé, je vous livre ici son témoignage ;

C'est dans le parc de l'établissement de santé que je rencontre Jésabelle. Jésabelle a 72 ans, elle est hospitalisée depuis presque 6 mois. Après avoir découvert qu'elle était atteinte d'un cancer du poumon 2 ans avant, Jésabelle, n'as eu de cesse de croire en la vie et s'est battue corps et âme dans l'espoir de guérir. *"La mort n'était pas une option, j'étais trop jeune dans ma tête et j'avais trop de choses encore à faire…"* me dit-elle. Seulement voilà, en septembre 2021 lors d'une visite pour une chimiothérapie, on lui annonce que les traitements n'ont pas fonctionné et qu'il n'y a plus d'espoir de rémission. Elle comprend alors que malgré toute sa détermination à vouloir vaincre la maladie, son sort en était jeté selon l'expression qu'elle me livre ''*Alea jacta es*''. *"vous savez, lorsque l'on vous annonce le mot cancer, les personnes autour de vous sont presque plus atteintes que vous-même lorsque vous le leur annoncez. Leur visage change d'expression, leurs yeux se remplissent de peine, de compassion, et vous disent sans parler, je ne sais pas quoi te dire, mais je disais sans arrêt à ces gens-là, t'inquiète pas, c'est pas un petit crabe qui va me tuer, on va lui faire la peau à celui-là j'en ai vu d'autres''* je suis fasciné par le climat qui se crée sur ce banc dans ce parc, ses yeux se remplissent de nostalgies et retournent dans le passé ; elle se rappelle intérieurement de ce que ça fait d'avoir de l'espoir et de croire en la vie, et puis soudain, sa mine se défait peu à peu, la réalité, sa réalité, la rattrape et avant d'aller plus loin dans l'histoire me dit *"je suis désolée, je vous raconte tout cela je ne voudrais pas vous mettre mal à l'aise, vous êtes tout jeune vous devez surement avoir mieux à faire''* ceux à quoi je réponds que je n'ai rien de plus intéressant à faire que d'échanger avec une belle personne. Tous deux nous étonnons de la simplicité et de la fluidité de nos échanges alors que nous ne nous connaissons pas du tout. Je lui indique alors que si elle souhaite poursuivre son histoire je suis prêt à l'entendre, elle poursuit ainsi ; *"vous savez le plus dur dans cette histoire, c'est que toute ma vie j'ai travaillé, depuis mes 14 ans, je n'ai jamais eu d'excès, je buvais mon verre avec des amis comme tout le monde, je n'ai jamais fumé de ma vie et ne me suis jamais drogué ! vous fumez vous ?"* Je lui réponds presque honteux que oui je suis fumeur mais que j'aimerais pouvoir arrêter, c'est alors qu'elle me dit une phrase qu'un fumeur n'a pas l'habitude d'entendre ; *"je vous ai dit que jamais je n'avais fumé de ma vie, je suis aujourd'hui atteinte d'un cancer des poumons, désormais généralisé, je ne devrais peut-être pas vous dire cela mais si fumer est un plaisir pour vous, ne vous en privez pas, quoiqu'il en soit avec ou sans vous risquer de mourir alors pourquoi s'empêcher de vivre ?"*

C'est alors que je pris conscience du changement de philosophie de vie qui peut se produire dans notre esprit lorsque l'on sait que notre temps est compté. Je vous rassure, ses propos ne m'ont pas permis de me dire *"Chic chic je vais continuer à fumer de toute façon je vais y rester un jour…"* non simplement je compris une chose assez logique, il n'y a pas de science certaines, on sait ce qui peut provoquer des maladies, ce qui peut tuer mais ce n'est pas ce qui arrive obligatoirement, tous les fumeurs ne meurent pas d'un cancer et tous les alcooliques ne meurent pas d'une cirrhose. *"La vie est injuste vous ne trouvez pas ?"* m'interroge-t-elle, *"Je pense que la vie est belle, c'est parfois la fin qui ne l'est pas, mais il faut se dire que nous sommes chanceux d'avoir vécu sur cette terre, d'avoir fait des rencontres, comme la nôtre aujourd'hui, je reconnais que j'aurais préféré ne pas vous rencontrer cela aurait signifié que vous n'auriez peut-être pas été malade"* - **"ou morte !"** me coupe-t-elle, je poursuis alors mon propos pour casser une gêne installée par son **"ou morte !"** - *"mais voyez-vous, lorsque je* *repartirais de cet hôpital, mon point de vue sur la vie et le temps qui passe aura grâce à vous changé, je garderai en mémoire votre combativité !"* - *"vous êtes gentil"* me dit-elle *"les médecins m'annoncent encore 3 mois à vivre tout au plus mais je voudrais en finir, je souffre de tous les côtés, plus aucun traitement ne pourra à présent soulager ma souffrance, on devrait pouvoir avoir le droit à une piqûre et puis ensuite point final on en parle plus, un animal qui souffre on lui permets de partir pourquoi pas nous ?!"* c'est très étrange ce qu'elle me dit là, ce sont exactement les propos que je tiens lorsque je défends mon point de vue sur le droit à l'euthanasie, je fais la même comparaison animale. Dans cette petite phrase qu'elle formule tout est dit ! Sur ce point-là, la condition animale est bien meilleure que la nôtre, pourquoi ne peut-on pas choisir librement de nous en aller ? Bien sûr il faut que la loi soit bien encadrée, il faut pouvoir affirmer que l'état de santé du patient est au stade terminal, qu'il n'y a plus d'espoir même infime de guérison, et le plus important selon moi il faut que le patient soit conscient et qu'il puisse demander de lui-même de partir, ou bien que ses directives anticipées aient été rédigées au préalable. Tous les pays frontaliers à la France ont dit oui à l'aide active à mourir, qu'attendons-nous pour dire nous aussi oui à la liberté ?! Je ne veux pas rentrer dans un discours politique dans ce livre, ce n'est ni mon rôle, ni ce que vous attendez de moi cependant je tenais à retranscrire ce bel après-midi que j'ai passé à échanger avec Jésabelle. Son message est un cri du cœur et une de ses dernières volontés, son ultime volonté ! Aujourd'hui cette femme est probablement décédée, mais il n'est pas rare que je pense à elle, je me demande quelles ont été les conditions de son départ, si elle a pu partir sans trop souffrir et sans attendre trop longtemps que son sort final arrive. Cette femme m'a beaucoup fait penser à mon grand-père dont j'ai déjà parlé dans "Entre vous et moi…" atteinte comme mon grand-père d'un cancer, j'avais l'impression de lui parler un peu au travers de cette femme, je lui posais des questions que j'aurais pour certaines aimées poser à mon grand-père, mais trop affaibli et inconscient cela ne m'a pas été possible. Nous avons part ailleurs parlé de mon papi, je lui expliquais qu'il avait été emporté par un cancer aussi, elle me demandait si ça avait été long, je lui répondais qu'il avait certes souffert, mais pas longtemps, la mort n'avais pas pris plus de 3 mois avant de l'emporter, *"quelle chance !"* m'a-t-elle lancé ! Vers la fin de nos échanges je me permis de poser une question à Jésabelle ; *"Madame, m'autorisez-vous à vous poser une question dont votre réponse n'est pas obligatoire si elle vous met mal à l'aise ?"* - *"Bien sûr, je répondrais à toutes vos questions Julien !"* *"est-ce que la mort vous fait peur ?"* *"si elle me fait peur ?! Sûrement pas ! Quand on est jeune comme vous c'est quelque chose que l'on imagine vaguement, lorsque l'on y pense vraiment la mort nous terrorise, et puis nous vieillissons et nous prenons conscience que notre échéance est proche. Puis vient le jour où vous n'y pensez plus, jusqu'à ce que la maladie vous rappelle votre mortalité, alors tout s'enchaine, d'abord vous avez peur, ensuite vous refusez d'y croire, et puis la curiosité de se dire "je vais découvrir enfin s'il y a quelque chose après la vie" vous vient à l'esprit, et pour finir vous l'apprivoisez, vous lui parlez comme à une amie au téléphone, qui va prochainement vous rendre visite et vous l'attendez impatiemment et douloureusement…"* les larmes qui montaient à mes yeux à ce moment-là, ne devaient pas couler ni se montrer, je m'étais formellement interdit de pleurer devant cette force d'esprit et ce courage ! En parlant de sa mort prochaine elle venait de faire la plus belle déclaration d'amour qui existe à cette vie qu'elle avait tant aimée ! Je mis mes lunettes de soleil prétextant que les yeux bleus ne supportent pas la lumière, restais assis sur ce banc silencieusement, je compris que notre conversation prenait fin et dit alors à cette femme, à qui la maladie avait retiré ses cheveux et sur qui elle avait laissé les stigmates de la souffrance ; *"notre échange, aujourd'hui, Chère Madame aura été pour moi, une des plus belles leçons de vie, je vous souhaite beaucoup de courage dans votre combat"* lui tenant la main qu'elle venait de me tendre sans un mot comme signe de reconnaissance de ce moment passé à parler, je lui fis un signe de la tête, reposais sa main sur sa jambe et repris le chemin pour rentrer chez moi. Sur le chemin du retour, repassait en boucle dans ma tête notre conversation. Arrivé chez moi je notais sur mon ordinateur tout ce dont je me rappelais de cet instant passé avec cette force de la nature.

Malgré la tristesse du témoignage dont j'avais été l'auditeur, et face à cette chance qu'avait été la mienne de rencontrer cette personne et de pouvoir lui apporter une oreille attentive dans les derniers moments d'interaction possible de sa vie, je me disais une chose…

La vie est belle…

Table

1. Préface. **3**

2. Avant-propos. **6**

3. Moi écrivain ? **8**

4. En quête de création, d'inspiration… **24**

5. J'ai tant de choses à vous dire… **40**

6. Savoir passer du rêve à la réalité... **56**

7. La rencontre de ma vie… **66**

8. "Le moteur, c'est la passion…" **84**

9. Croire en la vie… **98**

Remerciements

Line RENAUD, Marie-Catherine ZANETTI, Régine MINO, Vincent TORRES, Catherine ROBIN, Christophe ROBIN, Maryline PUPIER, Clara ROBIN, Catherine IGNACE, Valérie SUCHET, Manon POMMAREL, Romane OUZOUNIAN, Antonin VERHAMME, Naomie SAMIOTAKIS, Colette DUBOIS, ABV CONDUITE, Christian DE BROSSES, merveilleuse-line-renaud.com.

Retrouvez toutes mes actualités sur ma page Instagram :

@julienrobinofficiel

©2022 Julien Robin
Édition : BoD – Books on Demand, info@bod.fr
Impression : BoD – Books on Demand, In de Tarpen 42, Norderstedt (Allemagne)
Impression à la demande
ISBN : 978-2-3224-6212-4
Dépôt légal : janvier 2023